一歩進んだ
日本語文法の教え方 2

庵 功雄
Isao IORI

Kurosio
くろしお出版

まえがき

本書は，前著(『一歩進んだ日本語文法の教え方 1』。以下『1』と表します)に引き続き，日本語教育における導入の仕方について，筆者がこれまで考えてきたこと，実践してきたことにもとづいてまとめたものです。

『1』が初級編であるとすれば，本書は中級編に当たります。本書では，ボイス表現，「は」と「が」，「のだ」など，ある程度，知識を積み上げなければ産出まで持っていくことが難しい項目を取り上げました。

本書は 3 部からなっています。

第 1 部は「文法項目を導入するときに考えるべきこと」で，正確に産出することが難しい10のトピックを選び，導入の際のポイントを述べています。

各セクションは，【こんな例があります】【不自然さの理由を考える】【どう考えるか】【導入のポイントを考える】【より進んだ導入，研究のために】という 5 つの部分からなっています(『1』に比べ，本書では必ずしもはっきりと「誤用」とは言い切れない例も扱うため，「誤用」ではなく「不自然さ」ということばを使っています)。【こんな例があります】ではその項目でよく見られる不自然な例を挙げ，【不自然さの理由を考える】ではその不自然さの理由を考え，【どう考えるか】では日本語学的観点から考察します。以上を背景知識とした上で，【導入のポイントを考える】では具体的にどのように考えて導入すればよいかについて述べています。最後の【より進んだ導入，研究のために】では教育志向の方にとっては授業の改善につながり，研究志向の方にとっては研究のテーマの発見につながるような情報を載せています。

第 2 部は「用語編」で，文法について考える際に関連してくる日本語学の諸概念を体系的に説明しています。この部分をきっちり理解すれば，日本語文法の骨格が理解できるようになっています。

第 3 部は「発想編」で，文法教育に関する筆者の考え方を述べています。

『1』に比べ，本書の記述は理解にやや骨が折れるかもしれませんが，それは，取り扱っている内容の性質によるものとしてご理解ください。

本書が文法教育の発展に少しでも寄与できれば，望外の幸せです。

2018年11月　庵　功雄

目 次

まえがき　iii

第1部　文法項目を導入するときに考えるべきこと

1 コップの水は多い?少ない?——————————2
　〜とりたて助詞〜

2 実はとても簡単——————————10
　〜使役受身〜

3 たすきがけは不要——————————13
　〜直接受身〜

4 例文に注意しよう——————————24
　〜使役〜

5 ドアは勝手に閉まるの?——————————34
　〜自他〜

6 気づかれていない難しさ——————————45
　〜タ形とテイタ形〜

7 「受難」の「んです」を救い出そう——————————54
　〜のだ(1)〜

8 文末に接続詞がある!?——————————66
　〜のだ(2), わけだ, からだ〜

9 本当に難しいの?——————————76
　〜「は」と「が」(1)〜

10 本当は簡単!——————————87
　〜「は」と「が」(2)〜

第2部　用語編

1 言語の単位と文の種類——————————100

iv

2 格とその関連概念———————————————————111

3 文法カテゴリーと複文———————————————117

第**3**部 **発想編**

1 文法教育の目的———————————————————136

2 文と文法（1）—————————————————————142
　　〜ことばを作る横糸と縦糸〜

3 文と文法（2）—————————————————————152
　　〜文法を習得するとは?〜

4 機能から考えよう———————————————————158

5 日本語教育文法と教授法———————————————164
　　〜WhatとHowの望ましい関係に向けて〜

あとがき　167　索引　169

第1部 文法項目を導入するときに
考えるべきこと

1 コップの水は多い?少ない?
～とりたて助詞～

こんな例があります

1 ?今月は携帯電話の料金が3万円φ[1]かかっちゃった。これからしばらく夕食はインスタントラーメンだな。(☞3万円も)

2 ?昨日まで風邪で熱があって、水だけ飲めたので、とてもおなかがすきました。(☞しか飲めなかった)

不自然さの理由を考える

1**2**とも文法的に間違っているとは必ずしも言えませんが、( )内の言い方の方が文脈的にふさわしいと言えます。「も、だけ、しか」などを「**とりたて助詞**」と言いますが、とりたて助詞の使用には文脈的な要素が関わっていることがわかります。

どう考えるか

■ とりたて助詞の機能

図1を見て、楽観主義の人は**3**と考え、悲観主義の人は**4**と考えるという話があります。

3 水が半分も残っている。
4 水が半分しか残っていない。
5 水が半分φ残っている。

図1　水が半分残ったコップ

---

1 φはそこに形のある要素が存在しないことを表します。

さて，**5**が**図1**のイラストの内容を表していることからわかるように，とりたて助詞がついた**3****4**は，それがついていない**5**の内容を含んでいます(言語学の用語では「含意する」と言います)。言い換えると，次のようになります。

　　6　とりたて助詞がついた表現は，とりたて助詞がついていない表現に，
　　　　話し手の主観的な捉え方が加わったものである。

　今の例では，**3**は**5**の内容(コップに水が半分残っている)にそれが「多い」という話し手の捉え方を加えたものであり，**4**は**5**の内容にそれが「少ない」という話し手の捉え方を加えたものということです。
　このことを踏まえて**1****2**を考えてみましょう。
　まず**1**が不自然なのは，後続文で今月はお金がないということを言っており，それとのつながりということから考えると，「3万円」は話し手にとって「多い」(＝大金)と考えられるので，数量詞について量が多いことを表す「も」をつけた方がよいためです。
　次に，**2**が不自然なのは，同じく限定を表す「だけ」と「しか～ない」の違いによるものです。「しか～ない」は限定をする(限定される)ことが「不本意」である場合に使われます。**2**の場合，風邪で気分が悪かったため，飲めるものが「水」に限定されたわけですが，これは話し手にとっては「不本意」であると考えられます(後続文でおなかがすいたと言っていることからもこのことが確かめられます)。したがって，「しか～ない」を使う方が自然ということになります。

■ 数量表現+とりたて助詞

　1は数量表現に関わる例ですが，ここで注意しなければならないのは，数量に関する捉え方は状況によって変わるということです。例えば，同じ「3万円」でも，東京在住の人が**7**を言った場合には自然で，逆に「も」をつけた方が不自然になります。

　　7○この前の北海道旅行は1人3万円<u>しか</u>かから<u>なかった</u>。

　　　　　　　　　　　　　　　　　　　　　　　(？3万円<u>も</u>かかった)

§1　コップの水は多い？少ない？ ～とりたて助詞～　　3

このように，「数量表現＋φ，も，しか～ない」のいずれを使うかは，話し手の評価や社会常識(例.金額などの「相場」)などで決まります。

　これらの表現は話し手の評価を表すため，読解においても重要です。例えば，次例では，「8時間も」とすることで，オフィスのいすの重要性がはっきり伝わりますが，この含意を読み落とさないことが重要です。

8　オフィスで使う，くるりと回転するタイプのいすのデザインを手がける。毎日，8時間も人が座るのがオフィスのいす。背もたれにもたれかかったり，机にかじりついたり，隣の席へ身を乗り出したり。そんな姿勢の変化についていけるいすを目指している。

(朝日新聞夕刊 2015.1.19)

■「だけ」と「しか～ない」

　とりたて助詞にも類義表現がありますが，その中で最も誤用が多いのが「だけ」と「しか～ない」です。

　まず，現代日本語書き言葉均衡コーパス(BCCWJ)で「だけ」と「しか～ない」の品詞別の頻度を調べると次のようになります[2]。

表1　「だけ」と「しか～ない」

	だけ	しか～ない
動詞	3,501	6,654
形容詞・形状詞	447	2,510
名詞・代名詞	2,843	1,713
助詞	27,372	44
助動詞	14,447	15
その他	417	260
全体	49,027	11,196

2　検索条件は次の通りです(全て短単位検索)。
だけ／しか：キーから前方2語：品詞＝名詞，キーから前方1語：語彙素＝だけ／しか，
　　　　　　キー：指定せず
合計からは「空白，記号，補助記号」を除きました。

4　第1部　文法項目を導入するときに考えるべきこと

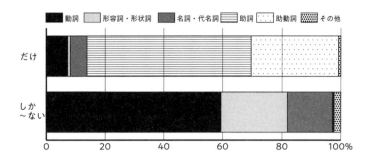

図2 「だけ」と「しか〜ない」

表1, 図2から,「だけ」に動詞が直接後続することは少ないのに対し,「しか〜ない」に後続するのは動詞が圧倒的に多いことがわかります[3]。ただし,「だけ」の場合,「名詞＋だけ＋格助詞＋動詞」のパターンも動詞に含める必要があるので,これを含めて整理すると次のようになります。

表2 「だけ」と「しか〜ない」(動詞全体)(( )内は%)

	だけ	しか〜ない
動詞	10,947(22.3)	6,654(59.4)
動詞以外	38,080(77.7)	4,542(40.6)
合計	49,027(100.0)	11,196(100.0)

表1, 表2, 図2から動詞が後続するときは基本的に「しか〜ない」が使われることがわかります[4]。特に,「だけ」の直後に動詞が来ることはほとんどないことがわかります[5]。

表3 「だけ」と「しか〜ない」(動詞が直後に来る場合)(( )内は%)

	だけ	しか〜ない
動詞	3,501(7.1)	6,654(59.4)
動詞以外	45,526(92.9)	4,542(40.6)
合計	49,027(100.0)	11,196(100.0)

---

3 「だけ」「しか〜ない」に名詞が前接する場合に限定しているので,「行くだけだ／行くしかない」のような例は考察対象外です。

4 カイ二乗検定の結果は $\chi^2(1)=6064.42$, $p<.001$, $\phi=0.317$ です。

5 カイ二乗検定の結果は $\chi^2(1)=17773.90$, $p<.001$, $\phi=0.543$ です。

このことから，動詞を含んだ「限定」は基本的に「不本意」な意味を表すと言えそうです。ただし，次の⑨⑩のように，あるものを特に選び出すという意味になるときは，「だけ＋格助詞＋動詞」が使われます。

⑨　一月の半ば，理子は白い雄猫，ファナックだけを連れてニューヨークへ戻って行った。　　　　　　　　　　（白川道「流星たちの宴」）

⑩　日曜日，夫は翔也を連れてゲームを買いに出かけて行った。三人で出かけて食事でもしようという夫に，私は頭痛がするから日曜日の人混はきついと言い訳をして，二人だけで行かせた。

　　　　　　　　　　　　　　　　　　　（冨士本由紀「殺人飼います」）

「だけ」は，次のように「～(の)は，名詞＋だけだ」「名詞＋だけで(は)なく」の形で使われるのが一般的だと言えます。

⑪　私の仕事は，いまのところ時計の修理だけだ。

　　　　　　　　　　　　　　　　　　　（北方謙三「いつか時が汝を」）

⑫　ただ速めに歩くばかりの運動だけではなく，飼い主と一緒にギャロップしたり楽しく運動させてください。

　　　　　　　　　　　　　　　　　　（高橋宏美「マルチーズの飼い方」）

以上から，「だけ」と「しか～ない」の使い分けは次のようになります。

⑬a.　動詞と共起するときは普通「しか～ない」を使う

　b.　ただし，何かを特に選択するという意味のときは「だけ」を使う（この場合，「だけ」のあとに格助詞が来るのが普通）

　c.　「だけ」は「～(の)は，名詞＋だけだ」「名詞＋だけで(は)なく」の形で使われることが最も多い

導入のポイントを考える

■ 文脈を設定する

ここまで見てきたことからわかるように，とりたて助詞の導入には文脈の

設定が重要になります。

　数量表現＋とりたて助詞に関しては，その数量が表す時間／期間や金額などが「相場」とあっているかどうかを考えて，導入や練習を組み立てることが重要です。例えば，「レポートを書く」であれば，「1日，1週間，3ヶ月」が「早い，普通，遅い」となり，「1日<u>しか</u>かから<u>ない</u>，1週間<u>φ</u>かかる，3ヶ月<u>も</u>かかる」がそれぞれ自然になるといったことです。

　「だけ」と「しか〜ない」について言えば，学習者の言語で，英語のonlyのような「限定」を表す語を動詞とともに使うとすれば，それは日本語では「しか〜ない」に当たると考えてまず間違いはないと言えます。これを前提として，**9** **10**のようなその例外の場合を考えた方がよいでしょう。

　「〜(は)…だけだ」「〜だけで(は)なく」などは，「だけ」のバリエーションというよりも定型表現として導入した方がよいと言えます。

より進んだ導入，研究のために

■ 格助詞ととりたて助詞の違い

　格助詞ととりたて助詞は似ていますが，機能的にはかなり異なるものです。
まず，主な格助詞ととりたて助詞は次のようなものです。

> **14**　格助詞：が，を，に，で，へ，と，から，まで，より
> 　　　とりたて助詞：は，も，さえ，こそ，だけ，しか，ばかり，くらい
> 　　　　　　　　　(ぐらい)，など，なんか，なんて，まで[6]

　格助詞が出来事を描くのに必要な意味(動作主，対象，場所，時間など)を表すのに対し，とりたて助詞は，とりたて助詞の前の要素とそれ以外の要素の関係を表すために使われます[7]。

　例えば，**15**は**16**を前提として，それに「太郎は滅多に見舞いに来ない」という話し手の捉え方を加えたものです。

6　「まで」は(ア)のような格助詞の用法が基本ですが，(イ)のようなとりたて助詞の用法もあります。
　(ア)　9時から4時<u>まで</u>勉強した。
　(イ)　そのパーティーには今までほとんど会ったことのない親戚<u>まで</u>やって来た。

7　格助詞どうしは同種の意味を表すため通常共起できませんが，格助詞ととりたて助詞は表す意味のタイプが異なるため，共起できます。

§1　コップの水は多い？少ない？〜とりたて助詞〜　　7

15　太郎さえ見舞いに来た。

16　太郎が見舞いに来た。

■ 格助詞ととりたて助詞の位置関係

6でとりたて助詞はとりたて助詞がついていない表現に話し手の捉え方が加わったものと言いましたが，これは，格助詞ととりたて助詞の関係にも反映されています。

格助詞ととりたて助詞が共起する際，一般的には「格助詞＋とりたて助詞」の順序になります。

17a.　太郎にさえ連絡した。

b.　大阪からも客が来た。

ただし，「だけ」は「に」「で」の場合，これと異なる順序も可能です。

18a.　太郎 {にだけ／だけに} 連絡した。

b.　彼の病気はこの薬 {でだけ／だけで} 治る。

「が」「を」の場合，とりたて助詞が後続すると「が」「を」が消去されるのが普通です[8]。

19a.　太郎 {○さえ／×がさえ／?さえが} 見舞いに来た。

b.　彼女は英語に加え，中国語 {○も／(?)をも} 上手に話す[9]。

ただし，「だけ」は「が」「を」を省略しないことが多いです(省略しない場合，「だけが」「だけを」の順序になります)。

20a.　君 {?だけ／○だけが} 頼りだよ。

b.　彼は水 {(?)だけ／○だけを} 飲んで，生き延びたそうだ。

8　「は」の前に「が」「を」があるとそれらは必ず消去されますが，これは「は」がとりたて助詞であるためです [⇒§9]。

9　ただし，「を」を省略しない日本語母語話者もいます。

8　第1部　文法項目を導入するときに考えるべきこと

■ とりたて助詞が取り立てる範囲（スコープ）

とりたて助詞が取り立てるのは普通，直前の要素ですが，それ以外の部分を取り立てることもあります。

㉑ 娘が熱を出した。薬<u>も</u>飲ませたが，なかなか熱が下がらない。

㉑で言いたいのは，「薬」の他に「水」や「ジュース」を飲ませたということではなく，「薬を飲ませる」以外のことをしたということです。このように，とりたて助詞が取り立てる範囲をとりたて助詞のスコープと言います。スコープが直前の要素ではないときは次のように言い換えると，スコープの範囲がはっきりします。

㉒ 娘が熱を出した。[薬を飲ませ]<u>も</u>したが，なかなか熱が下がらない。

とりたて助詞に関するまとまった研究には沼田（1986），寺村（1991）があります。それ以外にも寺村（1986, 1989）も参考になります。

とりたて助詞に関する要約的な記述としては，庵・高梨・中西・山田（2000），庵（2012）が挙げられます。それ以外に，やや高度な内容ですが，野田（1995），仁田（1997）も参考になります。

■ 参考文献
庵　功雄（2012）『新しい日本語学入門（第2版）』スリーエーネットワーク
庵　功雄・高梨信乃・中西久実子・山田敏弘（2000）『初級を教える人のための日本語文法ハンドブック』スリーエーネットワーク
寺村秀夫（1986）「「前提」「含意」と「影」寺村秀夫（1993）に再録
寺村秀夫（1989）「意味研究メモ―その1―」寺村秀夫（1993）に再録
寺村秀夫（1991）『日本語のシンタクスと意味Ⅲ』くろしお出版
寺村秀夫（1993）『寺村秀夫論文集Ⅱ』くろしお出版
仁田義雄（1997）『日本語文法研究序説』くろしお出版
沼田善子（1986）「とりたて詞」奥津敬一郎・沼田善子・杉本武『いわゆる日本語助詞の研究』凡人社
野田尚史（1995）「文の階層構造からみた主題と取り立て」益岡隆志・野田尚史・沼田善子編『日本語の主題と取り立て』くろしお出版

2 実はとても簡単
〜使役受身〜

こんな例があります

1 ?私はコンパでその歌を歌われた。（☞歌わされた）
2 ?私はお酒が飲めないのに，みんなが飲ませた。（☞飲まされた）

不自然さの理由を考える

1**2**はともに文法的に間違いとは言い切れないのですが，この文脈で適切とは言えない言い方となっています。それぞれ，**1**'**2**'のように言えば話者が表現したい意味になります。

1' 私はコンパでその歌を歌わされた。
2' 私はお酒が飲めないのに，みんなに飲まされた。

この下線部は**使役受身**の形です。使役受身は初級の文法項目ですが，産出が難しいと言われています。確かに，「使役を作ってから受身にする」といった説明を聞くと，学習者は何をどうしてよいのかわからず，その結果，この形を使うのを回避するか（「非用」），不十分な理解のまま使って誤用になるかというケースが多くなっていると思われます。

どう考えるか

それでは，使役受身は産出がとても難しい文法項目なのでしょうか。実はそうではありません。**3**と**4**を比べてみましょう。

3 私はコンパでその歌を歌った。
4 私はコンパでその歌を歌わされた。 　　　　　　　　　（＝**1**'）

10　第1部　文法項目を導入するときに考えるべきこと

5 私はコンパでその歌を歌われた。　　　　　　　　　　　（＝**1**）

　少し考えてみるとわかりますが，**3**と**4**は事実としては同じ内容を表しています。一方，**5**（＝**1**）で「歌を歌った」のは話し手以外の人物であり，**3****4**とは事実関係が異なります（**5**は間接受身で迷惑を表します）。

　それでは，**3**と**4**はどう違うのでしょうか。はっきりしているのは，**3**は「歌を歌った」という事実を述べているだけであるのに対し，**4**は「歌を歌う」という行為が話し手にとって「不本意な／やりたくない」ことだったということです。

　つまり，次のようになります。

6a. ある行為を話し手（文の主語）が不本意ながら行ったことを表すときには使役受身形を使う

　b. そうした含意がないときは普通の形を使う

導入のポイントを考える

　以上の議論を踏まえて考えると，使役受身の導入は簡単であることがわかります。つまり，ある行為を「したくなかったのにすることを強制された」という気持ちを表したいときには使役受身を使い，そうでないときは普通の形を使うという説明だけで十分だと考えられます。ここで注意すべきことは，**6**には統語操作としての「使役」も「受身」も出てこないということです。したがって，「使役を導入してからでないと使役受身はできない」などということはありません。

　このように，意味的には使役受身は簡単ですが，形態的にはやや複雑なので，この点は注意が必要です。

7a. 五段活用ではナイ形語幹（未然形）に「される」をつける[1]
　　　（「ナイ形語幹＋させられる」は古い形で普通使われない）

　b. 一段活用ではナイ形語幹に「させられる」をつける

1　ただし，「話す」のようなサ行五段活用の場合は（「される」をつけると発音しにくいため）「ナイ形語幹＋せられる」（例.話させられる）となります。

§2　実はとても簡単 〜使役受身〜　　**11**

より進んだ導入，研究のために

　使役受身が普通の形と同じ事実関係を表すのは，使役が項を1つ増やす操作であり，受身が項を1つ減らす操作であるためです［⇒§5］。

　8のような思考動詞の使役受身形は「不本意」を表しませんが，こうした表現は産出を目指す必要はなく，理解レベルで扱えばよいでしょう。

　8　東日本大震災で私は多くのことを考えさせられた。（≒考えた）

■ **参考文献**

庵　功雄 (2013)「「使役(態)」に言及せずに「使役表現」を教えるには ―1つの「教授法」―」『日本語／日本語教育研究』4，ココ出版

3 たすきがけは不要
～直接受身～

こんな例があります

1 ?電車で誰かが私の足を踏んだ。(☞電車で誰かに足を踏ま<u>れた</u>)

2 ?そのペンは私に使われました。(☞私がそのペンを使いました)

不自然さの理由を考える

1**2**は受身(直接受身)に関する誤用例ですが,『1』で扱ったもののように,文法的に間違っているとは言い切れないところもあります。実際,**1**に対応する文は英語や中国語では自然ですし,**2**に対応する中国語の文も自然です。そういうこともあって,学習者が**1**や**2**を産出することは無理もないことなのです。

逆に言えば,**1**や**2**が日本語として不自然であるのは,日本語の側に何らかの制約があるためだと考えられます。

どう考えるか

■ 直接受身は話し手の「気持ち」を表す

1とそれに対応する正用の受身文**1**'を比べてみましょう。

1 ?電車の中でだれかが私の足を踏んだ。

1' (私は)電車の中でだれかに足を踏ま<u>れた</u>。

1と**1**'を比べると,**1**'は「私」を主語とする文であり,「私」の立場から文を組み立て,「私」の気持ちを表していることがわかります。

§3 たすきがけは不要 ～直接受身～　13

■ 直接受身は受け手を主語とする自動詞(相当)文

『1』の§1で「二項述語」について述べました。二項述語というのは，出来事を表すのに要素が2つ必要な動詞のことです[1]。

ここで，二項述語における出来事のパターンを図示すると，**図1**のようになります。

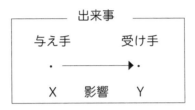

図1 二項述語で表される出来事(Ⅰ)

さて，能動文と受動文(直接受動文)は**図1**を使うとどのように考えられるのでしょうか。

ここで，次の2つの文を考えてみましょう。

- **3** 私がだれかを押した。
- **4** だれかが私を押した。

図1と**34**を対応させると，それぞれ次のようになります。

- **3** X＝私，Y＝だれか，影響＝押す
- **4** X＝だれか，Y＝私，影響＝押す

つまり，**3**では「私」は影響の与え手であるのに対し，**4**では影響の受け手です。一方，**34**はともに，影響の与え手を主語とする文です。

このように，**34**は影響の与え手を主語とする文ですが，ここで，影響の受け手を主語にするとどうなるでしょうか。この点を**4**を例に考えてみましょう。

---

1 「好きだ／嫌いだ」はナ形容詞ですが，例外的に二項述語です。ただし，動詞ではないので，(「〜が〜を」ではなく)「〜が〜が」という格パターン(格枠組み)を取ります。なお，最初の「〜が」(主語)は主題化されて「〜は」の形を取るのが普通です［⇒§9］。

4 だれかが　私を　押した。
　　　与え手　受け手
　　　主語

　まず，受け手を主語にするために「私」を文頭に持って来ると，次のように
なります(文頭に持って来られた要素は主題化されます [⇨§9])[2]。

4' 私は　　だれかが　押した。
　　　受け手　与え手
　　　主語

4'では「だれかが」が主語なので，「私は」を主語にするためには「だれか
が」を主語でなくす必要があります。そのための方法が動詞を「受身形」に
することであり，その結果，**4**'は**5**のようになります。

5　私は　│だれかに│　押された。(直接受動文)
　　　受け手　与え手
　　　主語
4　だれかが　私を　押した。(能動文)
　　　与え手　受け手
　　　主語

　4**5**から，**4**(能動文)が与え手を主語にした文であるのに対し，**5**(直接受
動文)は受け手を主語にした文であることがわかります。
　ここで，コーパスの調査から，**5**の│　│で囲んだ要素(影響の与え手)は多
くの場合，文中に現れないことがわかっています。つまり，**5**は実際の文で
は**5**'の形で現れるのが普通だということです。

2　**4**'は「私」が受け手であるため，受動文にしないと不自然ですが，次のように，受動文にしなくて
もこのパターンの文(「主題化文」)が自然になる場合もあります。
　(a)　夏目漱石が『坊っちゃん』を書いた。
　(b1)　『坊っちゃん』は夏目漱石が書いた。(主題化文)
　(b2)　『坊っちゃん』は夏目漱石によって書かれた。(直接受動文)

§3　たすきがけは不要 〜直接受身〜　　15

⑤' 私は押された。

　これは項が1つになるということなので，直接受身は自動詞と類似した機能を持っていることになります [⇨§5]。まとめると，次のようになります。

　⑥　直接受身は，二項述語における影響の受け手を主語にした自動詞相当の表現である

■ 直接受身の2つのタイプ
　直接受身には次の2つのタイプがあります[3]。

　1)　Yは(Xに(よって))V-(ら)れる型　　(Y：受け手，X：与え手)
　2)　Yは(Xに(よって))ZをV-(ら)れる型　(Y：受け手，X：与え手)

　1)は⑤のようなタイプです。これに対し，2)は，Yの体の部分や持ち物などがZとして現れる次のようなタイプです。

　⑦　(私は)　電車の中で足を踏まれた。
　⑧　(私は)　財布を盗まれた！

　これは，図1で影響の受け手が「YのZ」の形になっている場合です。

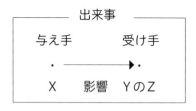

図2　二項述語で表される出来事(2)

　ここで注意が必要なのは，言語によっては，こうした場合に⑦'⑧'のような1)のタイプの受動文（「YのZ」全体を主語とする受動文）が自然であるとい

3　2)は，日本語学の文献で「持ち主の受身」と呼ばれることが多いものです。なお，1)2)のいずれにおいても，「Xに(よって)」は文中に現れないのが普通です。

うことです。例えば，**7**'**8**'に対応する（　）内の中国語の文は中国語として自然な文です。

> **7**'　電車の中で私の足が踏まれた。
>
> （我的脚在电车里被人踩了。）
>
> **8**'　私の財布が盗まれた！
>
> （我的钱包被偷了！）

日本語の直接受身における注意点

以上見てきたところから，日本語の直接受身には次のような制約があることがわかります[4]。

> **9**a.　影響の受け手が「私」であるときは直接受身を使うのが自然
>
> b.　影響の与え手が「私」であるときは直接受身を使わない
>
> c.　影響の受け手が「私」で，影響を受けたものが体の部分や持ち物であるときは，タイプ2の受動文を使う（タイプ1の受動文は使わない）

■ 直接受身が使われる場合

6で，直接受身が二項述語における影響の受け手を主語にした自動詞相当の文であることを見ました。また，**9**aで，影響の受け手が「私」であるときには直接受身を使うのが自然であることを見ました。

ここでは，直接受身を使うのが自然である場合をまとめます。

直接受身は影響の受け手を主語にする文です。一般に，影響の与え手と受け手では，影響の与え手を主語にする方が普通です。つまり，「何らかの理由がなければ」，影響の受け手を主語にすることはないということです[5]。

では，その「理由」は何かということですが，それは，「影響の与え手より

4　日本語の直接受身に存在するこうした制約を**視点制約**と言います（久野 1978）。なお，視点制約の強さには言語差があり，例えば中国語ではそれほど強く働かないことが知られています（陳 2017）。

5　『1』で用いた用語で言えば，影響の与え手を主語にする文（能動文）は「無標」であり，影響の受け手を主語にする文（受動文）は「有標」であるということです。

§3　たすきがけは不要 ～直接受身～　　**17**

影響の受け手の方が重要である」とまとめられます[6]。

図1 二項述語で表される出来事(1)

　影響の受け手が「私」である場合は,「私」以上に重要なものはないので,この条件に当てはまります。
　また,次のような例もあります。

　　⑩　新しいゲームが発売された。
　　⑪　コンサートの日程が変更された。

　⑩⑪において,関心の中心は,影響の受け手である「新しいゲーム」「コンサートの日程」であり,影響の与え手である「ゲームの発売元」「コンサートの主催者」には関心はないのが普通だと考えられます。こうした場合,能動文を使うと,「発売する」「変更する」は二項述語なので,⑩'⑪'のように「Xが」を特定しなければならなくなります。これを避けるためにも,こうした場合には直接受身が使われるのです。

　　⑩'　Xが新しいゲームを発売した。
　　⑪'　Xがコンサートの日程を変更した。

　以上をまとめると,直接受身(タイプ1,タイプ2)が使われるのは次の場合であると言えます。

6　注4で見た「視点制約」をこの観点からやや詳しく言うと,次のようになります。
　　(c)　私>私の〜>第三者>もの
すなわち,(c)で左側のものが影響の受け手のときは直接受身を使うのが自然であり,(c)で左側のものが影響の与え手のときは直接受身を使ってはいけないということです(詳しくは,久野1978,庵2012参照)。

12a.　影響の受け手が「私」のとき

　　b.　影響の受け手だけに関心があるとき

以上を踏まえて，冒頭の例の不自然さを考えてみます。

　1　?電車の中で誰かが私の足を踏んだ。(☞電車が誰かに足を踏まれた)

　2　?そのペンは私に使われました。(☞私がそのペンを使いました)

　1が不自然なのは，タイプ2の直接受身が使われるのが自然な場合に能動
文を使っているためであり(**9**cに違反)，**2**が不自然なのは，影響の与え手が
「私」なのに直接受身を使っているためです(**9**bに違反)。

導入のポイントを考える

■ たすき掛けは不要

　直接受身の導入に関して最も重要なことは，「たすき掛け」をしないという
ことです。例えば，現在普通行われている方法では，**5**を導入する際に，「対
応する能動文」である**4**を出し，そこから次のような「たすき掛け」で主語
と目的語を入れ替えて**5**を作るという手順を取っています。

　4　だれかが 私を 押した。

　5　私は だれかに 押された。

　これは，日本語学の理論的な研究においては有効であるとしても(庵 2012
参照)，学習者が産出するためのものとしては複雑であり，それが直接受身の
「非用」[⇒『1』第2部§6]の原因になっていると考えられます[7]。

　これに対し，上で見たように，直接受身は「私」を主語とした自動詞相当
の表現であると考えると，次のようになります。

7　こうした導入の複雑さから，受身を初級で教える必要はないという主張もあります(野田 2005, 山内
2009)が，菊地・増田(2009)のようなそれに対する反論もあります。このセクションの内容は菊地・増
田(2009)などに触発されたものです。

まず,「私」を主語とする自動詞文は次のようなものがあります。

⓭　私は(石につまずいて,)　転んだ。
⓮　私は(その映画を見て,)　泣いた。

これと,直接受身の文を比べてみましょう。

⓯　私は電車の中で押された。
⓰　(私は)ふられた。

⓭⓮と⓯⓰の共通点は項が1つである(一項述語である)ことであり,違い
は,「押された」「ふられた」という動詞の形が「押す＋れる」「ふる＋れる」
というように分析可能であるということです。しかし,違いの方はそのよう
に考える必要は特になく,「押される」「ふられる」を(自動詞相当の)動詞と
考えればよいということになります。

なお,⓯⓰の場合出来事のタイプによっては「〜に(よって)」を表した方
がよい場合があります。例えば,⓰に対して⓰'も自然です。

⓰'　私は恋人にふられた。

ただし,重要なことは,このように「〜に(よって)」が表されるのは「有
標」であり,普通(「無標」)の場合は「〜に(よって)」がなくても完全な文で
あるということです。このことからも,(「〜に(よって)」は普通は不要なの
で)「たすき掛け」による練習は不要であることがわかります。

言い換えれば,「私」について述べるとき,図1で「私」が影響の与え手の
とき(＝私が何かをしたとき)は普通の動詞の形を使い,影響の受け手のとき
(＝他の人が私に何かをしたとき)は「受身形」の動詞を使うという練習をす
ればよいということです。つまり,必要なのは「受身形」の作り方(形態論)
だけです。これは,§2で扱った使役受身の場合とほぼ同様であり,このよう
にすれば,学習者の非用を大幅に減らすことが可能になると考えられます。

■ **段階を追った導入を**

§4で扱う使役同様，受身も，段階を追って導入することが重要です。

初級では，受身形の作り方（形態論）と，「私」を主語にした直接受身を扱うのがよいでしょう。

初中級では，タイプ2の直接受身（持ち主の受身）について，「私」が主語の場合を扱うのがよいと考えられます。ここまでで，話しことばにおける受身はほぼカバーできます（§2の使役受身を含めて）。

中級では，読解の素材などと組み合わせて，書きことばでよく使われる⑫bのタイプの受身を扱うのがよいでしょう。

上級では，間接受身を扱うとともに，受身と，使役や自他の対応との関係を扱う必要があります。この点については，§4，§5も参照してください。

より進んだ導入，研究のために

■ **間接受身について**

このセクションでは「直接受身」について見てきましたが，日本語の受身にはもう1つ「間接受身」と呼ばれる次のようなものがあります。

⑰ （私は）隣の人に夜ピアノを弾かれて，眠れなかった。
⑱ 彼は妻に家出されて，とても困っている。

間接受身は，⑰のような「他動詞」からも⑱のような「自動詞」からも作れます。また，文末で使われることは少なく，⑰⑱のように従属節の中で使われるのが普通です。間接受身の構造は次のようであると考えられます（庵2012)[8]。

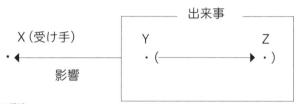

図3　間接受身の構造

---

[8] §4で見るように，この構造は使役の構造とよく似ています。

間接受身の特徴は，影響の受け手が出来事の中にはいないことです。つまり，出来事の外にいるXが出来事から影響を受けた（受けている）と感じることを表すのが間接受身であると言えます[9]。この場合の「影響」は原則として「迷惑」に限られます[10]。

■ 間接受身と「てもらう」

　間接受身は「迷惑」を表しますが，これは「てもらう」で表される「恩恵」と意味的に対立します（庵 2012）。

> ⑲　太郎はお兄ちゃんにおもちゃを壊された。
> ⑳　太郎はお兄ちゃんにおもちゃを修理してもらった。

　⑲は「（お兄ちゃんが）おもちゃを壊す」という出来事を「迷惑」だと感じていることを表し，⑳は「（お兄ちゃんが）おもちゃを修理する」という出来事を「恩恵」と感じていることを表しています。

■ 直接受身の意味

　上で，間接受身は「迷惑」を表すと述べました。これに対し，直接受身は㉑㉒からもわかるように，マイナスの意味を表すとは限りません。

> ㉑　ボーイフレンドにプロポーズされた。
> ㉒　友だちに「かっこいい」と言われた。

　マイナスの意味のときしか受身を使わない傾向が強い言語もあるので，この点は意識的に導入することが重要です。

■ 受身のタイプ

　日本語の受身にどのようなタイプがあるかについては諸説があります。
　構造的な区別としては，「他動詞」から作られる「直接受身」と，「他動詞」からも「自動詞」からも作られる「間接受身」に分けるもの，さらに，「持ち

9　**図3**の（　）内が現れるのは他動詞の場合で，自動詞の場合は（　）内は現れません。

10　三上章はこの点を捉えて，間接受身を「はた迷惑の受身」と呼びました（三上 1953, 庵 2012）。

22　第1部　文法項目を導入するときに考えるべきこと

主の受身」「第三者の受身」などを設けるものなどがあります（これらについて，詳しくは，三上 (1953)，仁田 (2009)，庵 (2012) を参照）。

　機能的な区別としては，影響の受け手を主語にすることに動機づけられる「昇格受動文」と，影響の与え手を消すことに動機づけられる「降格受動文」の区別があります（益岡 1987）。

■ 受身と関連する構文

　上で少し見たように，直接受動文は主題化文と機能的に近い関係にあります。こうした受身と関連する構文については寺村 (1982) を見てください。

　また，間接受身は構造的に使役と近い関係にあります（[⇒§4]，庵 2012）が，こうした点は，中国語や韓国語などで受身と使役が同一の構文で表されることがあることを理解するのに役に立つと考えられます。

■ 参考文献

庵　功雄 (2012)『新しい日本語学入門（第2版）』スリーエーネットワーク

菊地康人・増田真理子 (2009)「初級文法教育の現状と課題」『日本語学』28-11，明治書院

久野　暲 (1978)『談話の文法』大修館書店

陳　林柯 (2017)「現代日本語における視点制約に関する定量的研究」2017年度一橋大学言語社会研究科博士学位取得論文

寺村秀夫 (1982)『日本語のシンタクスと意味Ⅰ』くろしお出版

仁田義雄 (2009)「第1章　日本語の文法カテゴリ」『仁田義雄日本語文法著作選第1巻　日本語の文法カテゴリをめぐって』ひつじ書房

野田尚史 (2005)「コミュニケーションのための日本語教育文法の設計図」野田尚史編『コミュニケーションのための日本語教育文法』くろしお出版

益岡隆志 (1987)『命題の文法』くろしお出版

三上　章 (1953)『現代語法序説』くろしお出版から再版 (1972)

山内博之 (2009)『プロフィシェンシーからみた日本語教育文法』ひつじ書房

4 例文に注意しよう
〜使役〜

こんな例があります

1 ?私は田中さんにピアノを弾かせた。(☞弾いてもらった)

2 ?私をパリに行ってください。(☞行かせてください)

不自然さの理由を考える

　使役は受身とともに日本語表現の中で重要な役割を担っていますが，受身と同様，学習者の誤用や非用が多い項目です。

　まず，**1**について考えてみましょう。初級の教科書の多くでは使役に関して次のような例文が使われています。

3　先生は学生に本を読ませた。

　この後述べますが，**3**は使役の文として最も非典型的なものであり，**3**のような例で練習をしている学習者が**1**を作るのはごく自然です。

　一方，**2**は「てください」と「(さ)せてください」の混用ですが，これも重要な表現形式である「(さ)せてください」が明示的な練習の対象になっていないことによるものと言えます。

どう考えるか

　使役については，以下の点を考える必要があります。

4a.　使役的表現の表現パターンを正確に把握する

　　b.　「私」(話し手)が出来事のどこに位置するかに注意する

　　c.　段階を追って導入する

24　第1部　文法項目を導入するときに考えるべきこと

まず，使役的表現の構造は次のように図示できます。

図1 使役的表現の構造

この図式のどこに「私」(話し手)が入るかによって，いくつかの表現が使い分けられます。次節では段階を追って見ていきます。なお，Zは「ピアノを弾く」のような他動詞表現のときの目的語を表すので，「泳ぐ」のような自動詞表現のときは存在しません。

導入のポイントを考える

ここでは，**図1**のX，Yに誰が来るかによってどのような形式が使われるかに注意しながら見ていきます。1)から順に難易度が高くなるので，段階を追って導入する必要があります。

1)「X(使役主)=私」のとき

これは(「私」が文の主語であることから)「使役」の最も典型的な場合であると考えられます。しかし，この場合，「(さ)せる」の形(以下，「裸の使役」と呼びます)の使用には制限があります(高橋・白川(2006))。

5　私は弟を買物に行かせた。(○(弟に買物に)行ってもらった。)
6　?私は田中さんを買物に行かせた。
7　私は田中さんに買物に行ってもらった。

5と6の対比からわかるように，「裸の使役」はX(使役主)がY(動作主)よりも目上でないと使えないのです。そのため，6は不自然で，7のように「てもらう」(あるいは「ていただく」)を使う必要があります[1]。このように，「(さ)

---

[1] 「てもらう」「ていただく」は「(さ)せる」を含んでいませんが，意味的には使役と同様の機能を果

せる」（「裸の使役」）は「使役」を表す典型的な形式ではないのです。

　このように，「裸の使役」はXがYより目上でなければ使えないのですが，こうした制限があると，初級の教室活動が事実上できなくなります。なぜなら，話し手よりも目下の人物を想定した練習は不自然だからです。一方，Yが目下のときでも「てもらう」は使えるので，Xが「私」のときは「てもらう」（「ていただく」）を使うと教えた方がよいと言えます。

2)「てください」と「(さ)せてください」(「Y(動作主)=私」のとき(命令文))

　次の段階で問題になるのは「てください」と「(さ)せてください」の使い分けです。**8**と**9**を見てください。

> **8**　出張でパリに行っ<u>てください</u>。
> **9**　出張でパリに<u>行かせてください</u>。

　8では「命令者＝話し手(私)，動作主＝聞き手(あなた)」であるのに対し，**9**では「使役主(許可者)＝聞き手，動作主＝話し手」であり，「(さ)せ」がつくことで，命令する人と行動する人が入れ替わることがわかります。この関係は重要で，日常会話でもよく出てくるので，取り立てて導入，練習することが必要です。

3)「Y(動作主)=私」のとき(平叙文)[2]

　次も，Yが「私」ですが，2)とは異なり平叙文の場合です。

> **10**　田中さんは私に自分のパソコンを<u>使わせてくれた</u>。
> **11**　私は田中さんに田中さんのパソコンを<u>使わせてもらった</u>[3]。

　10はYが「私」の場合ですが，この場合は「(さ)せてくれる」または，**11**

たしているので「使役的表現」として「使役」に含めて考えます。

2　2)と3)はともに「Y(動作主)＝私」の場合であり，違いは2)は命令文，3)は平叙文という文のタイプにあることに注意してください。

3　**11**で「自分の」を使うと**10**と意味が異なってしまいます。これは，「自分」は文の主語を指すという性質を持っているためです(**13**も同様です)。

26　第1部　文法項目を導入するときに考えるべきこと

のように「私」を主語にして「(さ)せてもらう」を使う必要があります。ここで⑫のように「裸の使役」を使うことはできません。⑫を使うと,「強制」の意味になってしまうからです。なお,⑫は⑬のように§2で取り上げた使役受身で表現する方が自然です。

⑫　田中さんは私に自分のパソコンを使わせた。
⑬　私は田中さんに田中さんのパソコンを使わされた。

4)それ以外の場合

　ここに当てはまるのは,XもYも「私」ではないか,Xが「私」でYよりも目上の場合です。この場合に初めて「裸の使役」が使えます。

⑭　山田さんは息子を塾に通わせた。
⑮　山田さんは息子を塾に{通わせてあげた／通わせてやった}。

　⑭はY(動作主)の意図を汲んでいるかについてあいまいなので,「息子」の希望をかなえた場合(許可/許容)は⑮のように「(さ)せてあげる」「(さ)せてやる」を使うのが一般的です[4]。逆に,⑭のような「裸の使役」は「強制」を表すと解釈されるのが一般的です。

　以上をまとめると,次のようになります。

⑯a.　X＝私　「てもらう(ていただく)」
　　b.　命令者＝私,　動作主＝聞き手　　　　「てください」
　　　　使役主(X)＝聞き手,　動作主(Y)＝私　「(さ)せてください」[5]
　　c.　Y＝私　「(さ)せてくれる((さ)せてくださる)」
　　　　　　　　「(さ)せてもらう((さ)せていただく)」
　　d.　それ以外　(強制)　　　　「(さ)せる(裸の使役)」
　　　　　　　　　(許可/許容)「(さ)せてあげる((さ)せてやる)」

4　「やる」は一般的に使われなくなってきて,代わりに「あげる」が使われるようになってきており,「(さ)せてやる」の場合も「(さ)せてあげる」の方がよく使われます。

5　⑯bは⑯cの特別な場合と考えることができます。

16からもわかるように，「裸の使役」は最も使われる可能性が少ないものなのです。初級の教科書では「裸の使役」のみが扱われていますが，それでは「使役」が産出できるようにならないのは当然であると言えます。

5）他動詞の代用となる場合

使役形（「（さ）せる」）は，書きことばでは他動詞の代用として使われることが多いです（森2012）。これは特に，漢語の場合によく見られます。

17 a.　A国の経済が<u>発展した</u>。
　　b.　彼はA国の経済を<u>発展させた</u>。（×発展した）

「発展する」は自動詞ですが，対応する他動詞がないため，使役形（「発展させる」）を他動詞の代わりに使っています。こうした用法は漢語の場合に見られるのが普通ですが，次のように和語の例も若干存在します。

18 a.　太郎の車が走っている。
　　b.　太郎が車を走<u>ら</u>せている。

■ 依頼，許可の言い方のバリエーション

16 bは「てください」は命令，「（さ）せてください」は許可を求める言い方ですが，これらには次のようなバリエーションがあります。

19　依頼のバリエーション[6]
　　　てもらえますか／てもらえませんか[7]，
　　　てくれますか／てくれませんか，
　　　ていただけますか／ていただけませんか，
　　　てくださいますか／てくださいませんか
20　許可求めのバリエーション
　　　（さ）せてもらえますか／（さ）せてもらえませんか，

6　動作主の意向にどの程度配慮するかが「命令」と「依頼」の違いであると考えられます。

7　「もらう」の場合は「もらいますか」ではなく「もらえますか」と可能形になることに注意してください（この理由については庵（2013）を見てください）。

28　第1部　文法項目を導入するときに考えるべきこと

　　　　（さ）せてくれますか／（さ）せてくれませんか，
　　　　（さ）せていただけますか／（さ）せていただけませんか，
　　　　（さ）せてくださいますか／（さ）せてくださいませんか

　これらのうち，敬語形（「ていただけますか」など）は非敬語形（「てもらえますか」など）より丁寧であり，否定形のもの（「てもらえませんか」など）は対応する肯定形のもの（「てもらえますか」など）よりも丁寧です[8]。
　🔢🔢は会話ではよく使われるものであり，会話教材では取り上げられることもありますが，🔢という流れの中で取り上げると，単なる「かたまり（chunk）」としての理解に留まらず，より深い理解そして産出につながると考えられます。

より進んだ導入，研究のために

■ 使役の構造

　使役は図1の構造を持っているのですが，これを別の観点から見ると，🔢のようになります。

図1　使役的表現の構造

　　🔢a.　（太郎の）娘がピアノを弾いた（非使役文）
　　　b.　太郎が［（太郎の）娘がピアノを弾く］させた（使役文）
　　　c.　＜動作主＞が［非使役文］させる

　つまり，使役文は「＜動作主＞が［非使役文の内容］を引き起こす」とい

8　英語でも Won't you 〜? の方が Will you 〜? より丁寧であり，Would you 〜? の方が Will you 〜? より丁寧ということがありますが，ここでの丁寧さに関する関係はこの英語の場合にほぼ対応するものと考えることができます。

う意味を表します。これは，22が矛盾した内容になることからわかります。

22 ×太郎は娘にピアノを弾か<u>せ</u>たが，娘は弾かなかった[9]。

このように，使役文は非使役文の内容を引き起こすという意味を表すのですが，この点は「自他の対応」との関連からも重要です [⇨§6]。

■ **使役と間接受身**

このセクションでは，**図1**の使役(的表現)の構造を中心に使役(的表現)の特徴を考察してきましたが，この構造は§3で見た間接受身の構造(**図2**)とよく似ています。

図1 使役的表現の構造

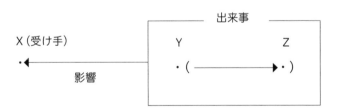

図2 間接受身の構造

「使役」と「間接受身」の共通点は文の主語が出来事の外にいることであり，相違点は「使役」では文の主語は影響の与え手(使役主)であるのに対し，「間接受身」では影響の受け手である点です。

---

9 22で意図されている「太郎が娘に働きかけたが，娘はその行為をしなかった」という意味を表すには次のように言う必要があります。
　　(ア)　太郎は娘にピアノを弾か<u>せようとした</u>が，娘は弾かなかった。
中国語などでは22と(ア)が同じ表現になるので，注意が必要です。

「てもらう」は次のような例では間接受身と対立します。

㉓　太郎はお兄ちゃんにおもちゃを修理して<u>もらった</u>。
㉔　太郎はお兄ちゃんにおもちゃを壊<u>された</u>。

一方，次のような例では使役的な意味を持ちます。

㉕　太郎はお兄ちゃんに本を読んで<u>もらった</u>。
㉖　太郎は弟に本を読<u>ませた</u>。

「てもらう」がこのように受身的にも使役的にも使えるのは，「てもらう」が**図1図2**のいずれでも使えるためです。このことからも使役と間接受身が近い存在であることがわかります(庵2012も参照)。

■ 丁重語としての「(さ)せていただく」

⓰cは動作主が「私」の場合ですが，この場合に，**㉗**のように「(さ)せていただく」形式がよく使われます。

㉗　私は昨日，山田先生と食事を<u>させていただきました</u>。
㉘　私は山田先生に山田先生のパソコンを<u>使わせていただいた</u>。(cf.⓫)

㉗と**㉘**を比べると，**㉘**では「山田先生」が「許可者(X)」としてはっきり存在しているのに対し，**㉗**には必ずしも「山田先生」の意向が関係しているとは言えず，**㉗**'と置き換えても意味は変わりません。一方，**㉘**を**㉘**'に置き換えると意味が大きく変わってしまいます。

㉗'　私は昨日，山田先生と食事を<u>しました</u>。
㉘'　私は山田先生のパソコンを<u>使った</u>。

つまり，**㉗**は特定の人の許可を得てその行為を行っているわけではなく，あたかも誰かの許可を得てその行為を行っているかのように表現しているに過ぎないということです。この意味でこうした「(さ)せていただく」は，話

し手のへりくだりを表す丁重語であると言えます[10]。

なお，こうした丁重語としての「(さ)せていただく」は「許可者」の存在を「偽装」しているとも言え，慇懃無礼な印象を受ける日本語母語話者も多いので，あまり使わない方がよいでしょう。

「(さ)せていただく」の意味の変遷(拡張)については菊地(1997b)を参照してください。

■ サ入れことば

五段活用の使役形を「書かせる」ではなく，「書かさせる」のように言うのが「サ入れことば」です。この形は非標準的なものですが，日本語母語話者の発話でもかなり出てきます。特に，上記の「(さ)せていただく」という形においてよく使われます。例えば，㉙では「読ませました」を使う人でも㉚では「読まさせていただきました」を使うことがあります。

㉙ 息子にこの本を {読ませました／読まさせました(サ入れことば)}。

㉚ 先生のご本を {読ませていただきました／読まさせていただきました(サ入れことば)}。

これは，「させていただく」が1つの「かたまり」として意識されているためであると考えられます。

「サ入れことば」について詳しくは井上(2003)を参照してください。

■ 使役余剰

「導入」の5)で取り上げた他動詞用法の場合，本来「する」でよいところで「させる」が使われる場合があります。

㉛ 「個人への負荷が限界を超えた時社会の反発が高まる」とヤーギン氏は言う。さまざまな集団が個別の利益を実現するため「反グローバリゼーション」を掲げ，国際交渉に直接参加を求めたのもその表れだ。

(毎日新聞朝刊 2000.1.4)

㉜ 小渕恵三首相は(中略)衆院の冒頭解散は行わず，定数削減後に実施

---

10 丁重語について概略的には庵(2012)を，詳しくは菊地(1997a)を参照してください。

する考えを強調した。また，自由党との合流問題を実現させるため，
自ら自民党内の説得に当たる考えを示した。

（毎日新聞朝刊 2000.1.1）

　「実現する」は**31**からわかるように他動詞用法を持っていますが，**32**のように「実現させる」という形も使われており，両者で意味は変わりません。定延(2000)は**2**のような場合の使役形の使い方を「使役余剰」と呼んで，興味深い考察を行っています。なお，これについては，庵・宮部(2013)も参照してください。

■ 参考文献

庵　功雄（2012）『新しい日本語学入門（第2版）』スリーエーネットワーク

庵　功雄（2013）「「使役（態）」に言及せずに「使役表現」を教えるには―1つの「教授法」―」『日本語／日本語教育研究』4，ココ出版

庵　功雄・宮部真由美（2013）「二字漢語動名詞の使用実態に関する報告―「中納言」を用いて―」『一橋大学国際教育センター紀要』4，一橋大学

井上史雄（2003）『日本語は年速一キロで動く』講談社現代新書

菊地康人（1997a）『敬語』講談社学術文庫

菊地康人（1997b）「変わりゆく「させていただく」」月刊『言語』編集部編（2012）『『言語』コレクション第2巻』大修館書店に再録

定延利之（2000）『認知言語論』大修館書店

高橋恵利子・白川博之（2006）「初級レベルにおける使役構文の扱いについて」『広島大学日本語教育研究』16，広島大学

森　篤嗣（2012）「使役における体系と現実の言語使用―日本語教育文法の視点から―」『日本語文法』12-1

5 ドアは勝手に閉まるの?
～自他～

こんな例があります

1 ×ドアが開けました。(☞開きました)
2 ?私のけがが治されました。(☞治りました)

不自然さの理由を考える

1 2とも自他(の対応)に関連する誤用ですが,その理由は少し異なります。

1は自動詞と他動詞の形の混同によるもので,形態レベルの問題です。言い換えると,文法的な誤りと言えるものです。一方,**2**は他動詞「治す」の受身形を使っているので,文法的には正しいはずです(実際,**2**に対応する英語の文は文法的です)が,日本語では不自然です。

2' My injury <u>was cured</u>.   （**2**に対応する英語文)

このように,動詞の自他に関わる誤用は形の問題だけでなく,日本語の表現法に関連する部分が大きいのですが,現在の文法教育では,自他の対応を形態レベルの問題(**1**のタイプの問題)としてだけ扱うことが多く,そのため,より重要な**2**のタイプの問題が無視されていると言えます。

どう考えるか

このセクションで扱う「自動詞」と「他動詞」は,「壊れる－壊す,閉まる－閉める」のように,意味的に関係があり,かつ,形の上でも共通性を持つものを指します。このような関係がある場合「**自他の対応がある**」と言います。自他の対応がある自動詞は,次の性質を持つのが普通です。

34　第1部　文法項目を導入するときに考えるべきこと

❸a. 主語は「もの」で，非意志的な動きを表す

  b. 状態または位置の「変化」を表す

このような性質を持つ自動詞の大部分は自他の対応を持ちます[1]。一方，これらの性質を持たない自動詞は対応する他動詞を持ちません[2]。

自他の対応においても受身や使役と同様，段階を追った導入が必要です。

1）自動詞と他動詞の形の把握

最初に必要なのは，自動詞と他動詞の形を覚えることです。これについては，以下の原則があります(寺村1982, 庵・高梨・中西・山田2000)。

❹a. 「-aru」で終わるものは自動詞で，「-aru」を「-eru」に変えると他
    動詞になる(「れる」を除く)　(例：閉まる－閉める)

  b. 「れる」で終わるものは自動詞 (例：切れる－切る)

  c. 「す」で終わるものは他動詞　(例：壊れる－壊す)

現在，自他の対応は主にこのことの練習に費やされていますが，実は，自他の対応で最も重要かつ難しいのはこのことではありません。もし，自他の対応に関する問題が形の問題だけで解決するのなら，自他の対応を記した表を持っていれば学習者は正しく使い分けられるはずですが，実際に難しいのは，「いつ自動詞(または，他動詞)を選択するのか」なのです。

2）責任の有無

ここからは，自他の選択に関する問題点を考えていきます。

最初は「責任の有無」です。次のやりとりを考えてみましょう。

❺ A：この間貸したビデオカメラ，返してくれる？

  B：ごめん，{壊れちゃったんだ／壊しちゃったんだ}。

❺の状況でAはいずれにしても怒ると思いますが，自動詞(壊れる)を使っ

1　「死ぬ」のように，❸bを満たすのに対応する他動詞を持たないものもあります。

2　このように，自動詞には2つの種類があります［⇨より進んだ導入，研究のために］。

§5　ドアは勝手に閉まるの？　～自他～　　35

た場合はより怒りが増幅されます。それは，他動詞（壊す）を使った場合は，少なくともBが自分の責任を認めているのに対し，自動詞を使った場合は，Bは自分の責任を認めたことにならないからです（この点についての日英の違いを論じたものにHinds 1986があります）。

では，なぜこのような違いが生じるのでしょうか。それは，自動詞と他動詞の構造の違いによります。自動詞と他動詞の意味は典型的には次のような関係にあります。

6　自動詞：　　　　＜もの＞が自動詞
　　他動詞：＜人＞が＜もの＞を他動詞

つまり，自動詞には＜人＝動作主＞が存在しないのに対し，他動詞は＜人＝動作主＞が出来事を引き起こすという意味を表すのです。

このように，他動詞には＜人＞が関与し，自動詞には関与しないのですが，このことから，他動詞ではその文の主語が出来事の責任者であることが明示されるのに対し，自動詞では出来事の責任者が不明・不問になるという違いが出てくるのです[3]。

3)「なる」的表現と「する」的表現

2)で取り上げた「責任の有無」は自他の使い分けに関する重要なポイントですが，それで説明できる例ばかりではありません。例えば，次のような例を考えてみましょう。

7a.　ドアが閉まります。ご注意ください。
　b.　ドアを閉めます。ご注意ください。

7は電車でよく聞かれるアナウンスです。ここで，事実関係としては，7aも7bも可能であり，責任の有無は関係ありません。さらに言えば，電車のドアが勝手に閉まるはずはないので，論理的には，7b（他動詞）の方が正しいと言えるかもしれません。にもかかわらず，日本語では7a（自動詞）の方がよく使われています。

3　これはメディアリテラシーの観点からも重要です［⇨より進んだ導入，研究のために］。

36　第1部　文法項目を導入するときに考えるべきこと

このことの理由を考えるためには、**6**で挙げた自他の対応関係についてもう少し踏み込んで考える必要があります。

8 ×太郎はコップを割ったが、コップは割れなかった。
9 ×太郎はロープを切ったが、ロープは切れなかった。

89が矛盾した内容になることからもわかるように、自他の対応がある場合に他動詞を(タ形で)使うと、自動詞の内容が成立したことを意味します[4]。このことから、**6**は次のように言い換えられます。

10 a.　　　　　コップが割れた　　　　　（自動詞文）
　　b.　太郎が［コップが割れる］（ようにした[5]）（他動詞文）

このように、他動詞文は自動詞文の内容を引き起こすと言えます。この関係は、次のように図示することもできます(S：文, NP：名詞句)。

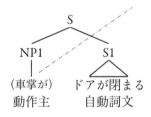

図1　自動詞と他動詞の関係

図1で、点線より下だけで(＝動作主を含めずに)表現すると、**7**aのような自動詞文になり、動作主を含めて表現すると、**7**bのような他動詞文にな

4　例えば、**9**でロープが太くて切れなかった場合には次のように言う必要があります［⇨**一歩進んだ導入、研究のために**］。
　（ア）太郎はロープを切ろうとしたが、ロープは切れなかった。
5　**10**は§4の**21**とよく似ています(庵2012も参照)。
　21　a. (太郎の)娘がピアノを弾いた(非使役文)
　　　b. 太郎が［(太郎の)娘がピアノを弾く］させた(使役文)
　　　c. ＜動作主＞が［非使役文］させる
21b(使役文)と**10**b(他動詞文)の違いは、使役では「引き起こす」という意味を表す「させる」という要素が目に見える形で存在するのに対し、他動詞ではその意味を表す要素は意味的には存在すると言えるものの、目に見える形では存在しない点です。

§5　ドアは勝手に閉まるの？ ～自他～　　37

るわけです。このことから，同じ内容を自動詞文でも他動詞文でも表せる理由がわかります。

7a. ドアが<u>閉まります</u>。ご注意ください。（自動詞文）
　b. ドアを<u>閉めます</u>。ご注意ください。　　（他動詞文）

　一方，**図1**からも，自動詞文には動作主がおらず，したがって，「出来事がひとりでに起こる」ことが表されるのに対し，他動詞文には動作主が含まれ，「動作主が出来事を引き起こす」ことが表されることがわかります。

　このように，同じ出来事を自動詞文でも他動詞文でも表すことができることがよくあるのですが，そうした場合に，自動詞文による表現を好むか，他動詞文による表現を好むかは言語によって異なるという考え方があります。そうした考え方の代表である池上(1981)は，前者のタイプの言語を「「なる」型言語」，後者のタイプの言語を「「する」型言語」と呼び，日本語は「「なる」型言語」，英語は「「する」型言語」であるとしています。

　日本語ではこうした理由からも自動詞(的表現)[6]が好まれます。これは日本語と他言語を比較する上で(したがって，学習者が産出する日本語表現を考える上でも)重要な観点です。

　以上の点を踏まえて，冒頭の**2**が日本語として不自然な理由を考えてみましょう。

2 ?私のけがが<u>治さ</u>れました。

　上で述べたように，日本語では(責任を明示するといった)特別の理由がない限り，自動詞表現が好まれます。つまり，他動詞文は普通選択されません。**2**が不自然に感じられるのは，他動詞文が選択されにくいため，それを受身にした文も不自然と感じられるためだと考えられます。

4) 受身，使役と自他の対応

　自他の対応については，意味的には2)と3)で取り上げたもので十分ですが，

6　「そのことが問題に<u>なる</u>—そのことを問題に<u>する</u>」のような「なる—する」のペアも自他の対応に含めて考えることができます。

38　第1部　文法項目を導入するときに考えるべきこと

自他の対応は，それ以外に，受身，使役とも関連を持っています（この部分の内容については野田1991も参照してください）。

注5でも見たように，使役と自他はよく似ています。

11a. （太郎の）娘がピアノを弾いた　　　　　　　（非使役文）

　b. 太郎が［（太郎の）娘がピアノを弾く］させた（使役文）

　c. ＝太郎が娘にピアノを弾かせた　　　　　　（cf. §4の**21**）

12a. コップが割れた　　　　　　　　　　　　　（自動詞文）

　b. 太郎が［コップが割れる］（ようにした）　　（他動詞文）

　c. ＝太郎がコップを割った　　　　　　　　　　（cf. **10**）

11**12**を文の必須成分（項）[⇨**第2部§2**]の数という観点から整理すると，次のようになります。

13　　他動詞文　　　　　使役文

　　　＋1↑　↓−1　　＋1↑　↓−1

　　　自動詞文　　　　　非使役文

つまり，自動詞文から他動詞文を見ると項の数が1つ増えており，他動詞文から自動詞文を見ると項の数が1つ減っていることがわかります。同様に，非使役文から使役文を見ると項の数が1つ増えているのに対し，使役文から非使役文を見ると項の数は1つ減っています。

これは，他動詞文は自動詞文に「動作主」を加えたものであり[⇨**図1**]，使役文は非使役文に「使役主」を加えたものである[⇨**§4図1**]ということを言い換えたものです。

このことを念頭に置いて，次の文を考えてみましょう。

14a. A国の経済が発展した。（自動詞文）

　b. 彼はA国の経済を発展させた。

　c.×彼はA国の経済を発展した。

14aは自動詞文ですが，**14**cが使えないことからもわかるように，対応す

§5　ドアは勝手に閉まるの？　〜自他〜　　39

る他動詞は存在しません。そうした場合，**14** bのように，使役形が他動詞の代わりに使われます。これは，**13**で見た「使役は項の数を1つ増やす」という点で「他動詞」に近いという性質によるものです。

　一方，次のような例もあります。

　　　15　新しいゲームが発売された。　　　　　　　　　　　（＝§3の**10**）

15は§3で取り上げた「動作の受け手のみに関心のある受身」ですが，§3でも見たように，**15**は次のような関係にあります。

　　　15'a.　Xが新しいゲームを発売した。
　　　　　b.　新しいゲームが発売された。（受身文）　　　　　（＝**15**）

「発売する」は他動詞ですが，この場合，動作主が問題にならない／できないため受身が使われています。これは，**13**で見た「自動詞は他動詞の項の数を1つ減らしたもの」という性質に対応しています。つまり，このタイプの受身は「項の数を1つ減らす」という点で「自動詞」に近いのです。

　以上をまとめると，次のようになります。

　　　16　　　　　　　　　他動詞
　　　　　＋1　使役　↑　↓　受身　−1
　　　　　　　　　　　　　自動詞

　このように，自他の対応と，受身，使役は密接な関係にあるのです。

導入のポイントを考える

　以上を踏まえて，導入のポイントを考えますが，受身，使役の場合と同じく，この場合も段階を追って導入することが重要です。

1）自他の形態的対応

　「割れる−割る」「消える−消す」のような対応を扱う段階です。ここで，

自動詞は「人(動作主)」は関与しない(＝出来事がひとりでに起こる)ことを表すのに対し，他動詞の場合は，**17b**のように主語が現れていなくても，「人(動作主)」の存在は含意されていることを伝える必要があります。

17a. 電気が<u>消えた</u>。
　　b. 電気を<u>消した</u>。

　上述のように，現在の文法シラバスでは，自他の対応と言えば，ほとんどの場合，この形態的な対応関係のことと考えられています。これも上述したように，実際は，この対応関係は最初のうちはリストを見ながら言えれば十分であり，それが言えたからといって，自他の対応が理解できたとは全く言えないということを教える側が理解しておくことが重要です。

2)責任の有無
　この点における自他の違いを理解しておくことは日常生活上も重要なので，責任の有無が問題になりやすい自他のペアと，責任の有無がわかりやすい文脈を考えて練習することが重要です。

3)「なる」的表現と「する」的表現
　これに関わる違い(例えば**7**)は狭い意味の文法の問題というよりも発想に関するものであり，否定証拠 [⇨『1』第2部§7] を与えないと，学習者の誤用や非用を防ぐことはできないので，日本語で「なる」的表現が使われやすい場面を考えて練習することが重要です。具体的には，ビンのふたを「開けた」場合に「ふたが開いた」になるとか，新しいマンションが「建てられた」場合に，「新しいマンションが建った」と言うなどといった場面を集めるということです。

4)自動詞，他動詞と受身，使役
　これは，ある程度硬い書きことばでの用法なので，扱うとしても上級で十分です。ただし，**14b**のような他動詞の代用として使われる使役形(漢語サ変動詞に多い)は書きことばでは使役形の大部分の用法を占めているということもあり(森2012)，日本語で論文を書いたり，日本企業に勤めたりするなど，

§5　ドアは勝手に閉まるの？ 〜自他〜　41

日本語を使って高度な活動をすることを目指している学習者に対しては教える必要がある項目であると考えられます（逆に，そうではない学習者に対しては不要です）。

より進んだ導入，研究のために

■ 自動詞の種類

このセクションで見てきたように，自他の対応がある自動詞は「もの」が主語であり，意志性を持たないのが普通です。一方，自動詞には「泳ぐ，走る，遊ぶ」のように「人」が主語で意志性を持つものもあります。

このように，自動詞を2つに分けて考える考え方を「非対格性の仮説」と言い，非意志的自動詞，意志的自動詞に対応するものをそれぞれ「非対格自動詞」「非能格自動詞」と呼びます（影山 1993）。なお，三上章が主張した「所動詞」と「自動詞」の違いにもこの考え方に通じるものがあります（三上 1953, 庵 2012）。

■ 使役, 他動詞のおける結果の含意

上述のように，使役文や他動詞文は通常，非使役文や自動詞文の内容を含意します。したがって，⑱は不自然です。

⑱ ?ドアを開けたが，開かなかった。

ところが，例えば，中国語では⑱に対応する⑱'は使えます。これは，日本語の「開ける」は対象（「ドア」）の変化（「開く」こと）を含意するのに対し，中国語の「开」（開）は「门」（ドア）に働きかけたことまでしか表さないためであると考えられます（宮島 1985, 1989）。

⑱' 我开门了，但是没开开。

ただし，日本語でも，自他の対応を持つ他動詞が全て対象の変化を含意するとは限らず，⑲は⑱よりも許容度が高いと言えます（宮島 1985）。

19 電話をかけたが，かからなかった。

　いずれにせよ，こうした結果性の含意の度合いは言語によって違う可能性があり，この観点から見ると学習者の誤用の理由がわかりやすくなります。

■ メディアリテラシーとの関連

　上述のように，自動詞は「動作主を含めずに」表現するものであり，出来事が「ひとりでに起こった」という捉え方をするものです。また，このセクションで取り上げたタイプの受身もこの点においては自動詞とほぼ同様の性質を持っています。

　こうした「「なる」型言語」としての性質は，日本語の言語的特徴であり，それ自体が問題であるわけではありません。しかし，「動作主を含めない」「責任を明らかにしない」「出来事がひとりでに起こったように表現する」といったことは，行政文書や歴史的記述のような責任の所在を明らかにする必要がある文章においては問題になることがあります。例えば，歴史的記述において，**20**a**20**bのどちらを用いるかによって，読者が受ける印象は大きく異なります。

　　20a.　　A国はB国と戦争を始めた。
　　　b.　　戦争が {始まった／始められた}。

　こうした「印象操作」を権力者や権力者に近い立場の学者などが行った／行っている場合，市民(citizen)にはその背後に隠されている意図を読み解く能力が求められます。こうした能力をメディアリテラシーと言いますが，自他の使い分けはこのメディアリテラシーの観点からも重要なものであると言えます(石井2012, 庵2013, 2017)。

　なお，これ以外に自動詞と他動詞の関係を論じたものとして，佐藤(2005)，須賀・早津編(2001)なども重要です。

■ 参考文献
庵　功雄 (2012)『新しい日本語学入門(第2版)』スリーエーネットワーク
庵　功雄 (2013)「2「文法」でできること　自動詞・他動詞を例に」『日本語教育，日本語学の「次

§5　ドアは勝手に閉まるの？ 〜自他〜　**43**

の一手」』くろしお出版

庵　功雄（2017）「マスコミの言説に潜む誘導性―NHK「時論公論」の場合―」名嶋義直編『メディアのことばを読み解く７つのこころみ』ひつじ書房

庵　功雄・高梨信乃・中西久実子・山田敏弘（2000）『初級を教える人のための日本語文法ハンドブック』スリーエーネットワーク

池上嘉彦（1981）『「する」と「なる」の言語学』大修館書店

石井正彦（2012）「『新しい歴史教科書』の言語使用―中学校歴史教科書８種の比較調査から―」『阪大日本語研究』24，大阪大学

影山太郎（1993）『文法と語形成』ひつじ書房

佐藤琢三（2005）『自動詞文と他動詞文の意味論』笠間書院

須賀一好・早津恵美子編（2001）『日本語研究資料集　動詞の自他』ひつじ書房

寺村秀夫（1982）『日本語のシンタクスと意味Ⅰ』くろしお出版

野田尚史（1991）「文法的なヴォイスと語彙的なヴォイスの関係」仁田義雄編『日本語のヴォイスと他動性』くろしお出版

三上　章（1953）『現代語法序説』くろしお出版から再版（1972）

宮島達夫（1985）「「ドアを開けたが，開かなかった」」宮島達夫（1994）『語彙論研究』むぎ書房に再録

宮島達夫（1989）「動詞の意味範囲の日中比較」宮島達夫（1994）『語彙論研究』むぎ書房に再録

森　篤嗣（2012）「使役における体系と現実の言語使用―日本語教育文法の視点から―」『日本語文法』12-1

Hinds, John（1986）*Situation vs. Person Focus.* くろしお出版

6 気づかれていない難しさ
～タ形とテイタ形～

こんな例があります

1 ？3年前のその日，地震で家が激しく揺れ<u>ていた</u>。（☞揺れた）

2 ？私はその日資料館でその作家のことを調べ<u>ていた</u>。そこからの帰りに作家の生家に立ち寄った。（☞調べた）

不自然さの理由を考える

1 2 はともに「ていた」を使った誤用で，「ていた」の代わりに「た」を使えば正用になります。こうした「ていた」の誤用は超級学習者にも見られるもので，学習者にとって「ていた」と「た」の使い分けはかなり難しいものであると考えられます。

どう考えるか

1 と 2 はいずれも「ていた」を「た」に変えると正用になりますが，1 はこのままでは「ていた」は不自然であるのに対し，2 は後続する文を次のように変えると「ていた」が使えるようになります。

2' ○私はその日資料館でその作家のことを調べ<u>ていた</u>。そのとき，作家の妹さんに会った。

一方，1 も次のように変えると「ていた」が使えるようになります。

1' ○3年前のその日，私が家の前に着いたとき，地震で家が激しく揺れ<u>ていた</u>。

§6 気づかれていない難しさ～タ形とテイタ形～　45

こうしたことから、「ていた」の使用には文脈的条件が関わっていることが考えられます。

1)「ていた」と観察時

改めて**1**と**1**'の違いを見てみましょう。

3 3年前のその日、地震で家が激しく {?揺れ<u>ていた</u>／○揺れ<u>た</u>}。
(=**1**)

4 3年前のその日、<u>私が家の前に着いたとき</u>、地震で家が激しく {○揺れ<u>ていた</u>／○揺れ<u>た</u>}。
(=**1**')

3と**4**は波線部(「私が家の前に着いたとき」)があるかないかだけの違いですが、**4**では「ていた」が自然であるのに対し、**3**では「ていた」が不自然です。このことから、波線部が「ていた」と関連していることがわかります。

3と**4**の違いは、出来事を「見ている」ときが存在しているかどうかであると言えます。

「ている／ていた」の基本用法には進行中と結果残存という2つの用法がありますが[⇒『1』第1部§10]、この2つの用法に共通しているのは、「ている／ていた」はある時点(観察時)において出来事を「見ている」ことを表すということです[1]。

例えば、**5**のような現在の進行中の場合は、発話時(「今」)、「雨が降る」という出来事を見ている(観察している)ことを表します。つまり、観察時は発話時と同じです。

5 雨が降っ<u>ている</u>。(現在・進行中)

図1 現在の進行中

一方、**6**のような過去の進行中の場合は、観察時が過去の1時点に移動します。つまり、「ていた」は、その時点に記憶の中で移動して、その時点で

---
[1] 便宜上、「見る」と書きますが、「聞く、感じる」など五官で知覚できるものを含みます。

「雨が降る」という出来事を見ていることを表します。

6 さっき会社を出たとき，雨が降っていた。(過去・進行中)
　　観察時

図2　過去の進行中

このように，「ている」の場合は観察時が現在(または，未来[2])であるのに対し，「ていた」の場合は観察時が過去になります。

以上は進行中の場合ですが，結果残存の場合も同様です(結果残存の場合の図示の仕方については [⇒『1』第1部§10])。

7のような現在の結果残存の場合は，観察時と発話時が一致していて，発話時に「コップが割れた状態である」のを見ていることを表します。つまり，進行中と結果残存は出来事のタイプ(図の形)は異なるものの，観察時に関しては同じなのです[3]。

7 コップが割れている。(現在・結果残存)

図3　現在の結果残存

8のような過去の結果残存の場合は，進行中と同様，観察時が過去の1時点に移動します。つまり，「ていた」は，その時点に記憶の上で移動し，その時点で「コップが割れた状態である」のを見ていることを表します。

2　次の(ア)のような未来の場合は，観察時(波線部)の時点に意識の上で移動して，そこで「雨が降る」という出来事を見ていることを表します。
　　(ア)　私が会社に着くころには，雨が降っているだろう。
3　図の形が異なるのは，進行中は「非変化動詞」，結果残存は「変化動詞」というように動詞のタイプが異なるためです [⇒『1』第1部§10]。

8 今朝部屋に入ったとき，コップが割れていた。(過去・結果残存)

図4 過去の結果残存

以上のことを踏まえて冒頭の3(=1)を考えてみましょう。

3 ?3年前のその日，地震で家が激しく揺れていた。　　　　(=1)

すると，3が不自然なのは，文中に「観察時」がないためであることがわかります。実際，3に観察時を加えた4は正文になります。

4 ○3年前のその日，私が家の前に着いたとき，地震で家が激しく揺れていた。　　　　(=1')

このように，「ていた」は「過去の1時点に記憶の中で移動して出来事や状態を観察している」ことを表します。つまり，「ていた」が使えるのは，ある出来事や状態を実際に見た場合に限られるのです。

ここで注意しなければならないのは，「ていた」が使えるための条件に「時間的長さ」は関係ないということです。例えば，「雨が降る」には時間がかかる(「雨が降る」という出来事には時間の幅がある)から「ていた」が使われるのではないということです。

これに対し，「た」は事実を表すので，3で「た」は使えるのです。

3 ○3年前のその日，地震で家が激しく揺れた。

2)「ていた」と「た」の関係

上の3では「た」しか使えないのに対し，4では「ていた」と「た」の両方が使えます。それでは，「ていた」と「た」ではどのような違いがあるのでしょうか。

❸ 3年前のその日，地震で家が激しく {?揺れていた／○揺れた}。

❹ 3年前のその日，私が家の前に着いたとき，地震で家が激しく
{○揺れていた／○揺れた}。

　❹のような観察時が文中にある場合，「ていた」を使うと，観察時へ記憶の上で移動しその時点で出来事を観察することを表します。一方，「た」を使うと，観察時と同時かその直後に出来事が起こったことを表します。

　このことは，次のような例で考えると，よりわかりやすくなります。

❾a. 部屋に入ったとき，電気がついていた。

　　b. 部屋に入ったとき，電気がついた。

　❾aは，「部屋に入った」という観察時に「電気がついた状態」を見たということを表しますが，これは，見方を変えると，「部屋に入った」時点より前に電気がついてその状態が観察時まで続いていたことを表すということです。一方，❾bは，観察時(または，その直後)に「電気がつく」という出来事が起こったことを表します。

　以上をまとめると，次のようになります。

表1　「ていた」と「た」

	ていた	た
観察時あり	観察時に移動して，出来事や状態を見る	観察時と同時かその直後に出来事が起こる
観察時なし	×(使えない)	過去の事実を表す

3)出来事の関係の表し方

　「た」と「ていた」の使い分けには，出来事の関係という観点も関わってくることがあります。❷はこの点に関わる問題です。

❿ ?私はその日資料館でその作家のことを調べていた。そこからの帰りに作家の生家に立ち寄った。　　　　　　　　　　　　　　　(=❷)

⓫ ○私はその日資料館でその作家のことを調べていた。そのとき，作家の妹さんに会った。　　　　　　　　　　　　　　　　　　(=❷')

§6　気づかれていない難しさ〜タ形とテイタ形〜　　**49**

上で，観察時がある文で「た」を使うと，観察時と同時かその直後に出来事が起こったことを表すということを見ました。

⓬ 部屋に入ったとき，電気がつい<u>た</u>。　　　　　　　　（＝❾b）

これと同じことは2つの文の間でも起こります。

⓭ （私は）部屋に入っ<u>た</u>。電気がつい<u>た</u>。

つまり，「た」が連続すると，出来事が続いて起こったことを表します。一方，「ていた」の場合は次のようになります。

⓮ 部屋に入ったとき，電気がつい<u>ていた</u>。　　　　　　（＝❾a）
⓯ （私は）部屋に入っ<u>た</u>。電気がつい<u>ていた</u>。

つまり，「た」と「ていた」が連続すると，「ていた」で表される状態が「た」の時点に存在していたことを表します。

これら2つの場合を図示すると，次のようになります。

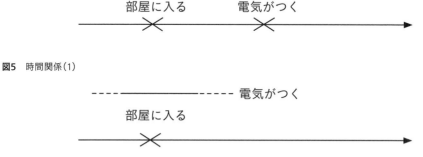

図5　時間関係(1)

図6　時間関係(2)

図5，図6からわかるように，出来事が引き続き起こるときは「た」が連続するのに対し，ある状態が続いている中で別の出来事が起こるときは「た」と「ていた」が組み合わさって使われるということになります。

以上を踏まえて考えると，❿は「調べる」と「立ち寄る」が引き続いて起

こった場合なので，「(調べ)た」―「(立ち寄っ)た」でなければならないのに対し，**11**は「調べる」という状態が続いている間に「会う」という出来事が起こった場合なので，「(調べ)ていた」―「(会っ)た」でなければならないのです。

導入のポイントを考える

このように，「ていた」は観察時に「見た」ことを表します。つまり，**図1**と**図2**で言うと，**図2**は**図1**の図形を過去の観察時に平行移動したものであり，**図4**も同じく，**図3**の図形を過去の観察時に平行移動したものです。

導入では，学習者にこのことを意識させることが重要です。特に，学習者は，「ていた」の方が「た」よりも時間が長い，という風に理解していることが多いので，「た」と「ていた」には時間の長さは関係ないということを理解させることが重要です。

より進んだ導入，研究のために

■「ていた」が使われるその他の場合
1)（過去）完了

1つ目は完了です[4]。

16　私が<u>病院に着いたとき</u>には，彼は亡くなっ<u>ていた</u>。
　　　　基準時

これは，主節の出来事が従属節の出来事よりも前に起こったことを表すもので，英語の過去完了(大過去)に対応するものです。この場合，基本用法のときとは異なり，従属節は「基準時」を表します。

4　完了には(イ)のような「未来完了」もあります。
　(イ)　私が病院に着いたときには，彼は亡くなっ<u>ているだろう</u>。
また，次のような「た」は「現在完了」と考えることができます。
　(ウ)　あっ，鳥が飛ん<u>だ</u>。
　(エ)　(考えていた問題の答えを思いついたとき)わかっ<u>た</u>！

§6　気づかれていない難しさ〜タ形とテイタ形〜　　**51**

図7 （過去）完了

2) 反事実

2つ目は，実際には起こらなかったことを述べる反事実です（これは英語の仮定法過去完了に当たります）。

17　彼が助けてくれ（てい）なかったら，私は溺れていた。

17は実際は「溺れなかった」ので，反事実になります。つまり，17と18は事実としては同じことを表していますが，反事実で述べた方が事実関係が読み手／聞き手に強く印象づけられます。

18　彼が助けてくれたので，私は溺れなかった。

■ タクシス

4〜9で取り上げた出来事の時間的関係の表し方は「タクシス」と呼ばれています。日本語におけるタクシスの表され方については工藤(1995)を見てください。また，小説などの語り物(narrative)のテンスもこれと類似した機能を持っていますが，これについては，益岡(1991)，工藤(1995)を見てください。

タクシスに関しては，寺村(1984)が引用している次例も重要です。

19　[姫路の塩田温泉行きの紀行文。書写山にのぼった後]
「歩いておりましょうか」と于栄勝が提案した。「よし，その方がいい」とまず私が手をあげて賛成した。(中略)「どれぐらいの時間がかかるか」ときくと，四十分ぐらいという。曲がりくねった道にそって，面白い話をしながらおりてきた。ふもとにもどって時計を見ると，二十分しか(a)かからなかった。(→かかっていなかった)実は

走っておりたのだった。

　その夜，山ノ上旅館で(b)泊っていた。(→泊まった)翌日の朝，早く起きて，山にのぼった。 (寺村1984)

19 aは「完了」に関する誤用ですが，19 bにはタクシスが関わっており，次のように書き換えると，正文になります。

20 ○その夜，(私は)山ノ上旅館で泊った。翌日の朝，早く起きて，山にのぼった。

21 ○その夜，(私は)山ノ上旅館で泊っていた。夜中に地震があった。 (寺村1984)

このことの理由は，10 11と同様に考えることができます。

　その他，テンス・アスペクトについて詳しくは，庵(2001, 2012, 2019近刊a, b, Iori 2018)，庵・清水(2016)を参照してください。

■ 参考文献
庵　功雄 (2001)「テイル形，テイタ形の意味の捉え方に関する一試案」『一橋大学留学生センター紀要』4，一橋大学
庵　功雄 (2012)『新しい日本語学入門(第2版)』スリーエーネットワーク
庵　功雄 (2019近刊a)「意味領域から考える日本語のテンス・アスペクトの体系の記述」『言語文化』55，一橋大学
庵　功雄 (2019近刊b)「テンス・アスペクトの教育」庵功雄・田川拓海編『日本語のテンス・アスペクト研究を問い直す　第1巻「する」の世界』ひつじ書房
庵　功雄・清水佳子 (2016)『上級文法演習　時間を表す表現(改訂版)』スリーエーネットワーク
工藤真由美 (1995)『アスペクト・テンス体系とテクスト』ひつじ書房
寺村秀夫 (1984)『日本語のシンタクスと意味Ⅱ』くろしお出版
益岡隆志 (1991)『モダリティの文法』くろしお出版
Iori, Isao (2018) "A comparative study of the tense-aspect system between Japanese and English," *Hitotsubashi Journal of Arts and Sciences*, 59-1，一橋大学

7 「受難」の「んです」を救い出そう
〜のだ(1)〜

こんな例があります

1. ?田中さんはその店で何を買いましたか?（☞買ったんですか）
2. ?山田さんは大学生なんですか?（☞大学生ですか）
3. #洋子さんは彼が金持ちだから結婚しなかった。（☞結婚したのではない）[1]

不自然さの理由を考える

1と2はいずれも疑問文で、1は「のだ」を入れないことによって不自然になっている場合(非用)、2は「のだ」を入れたことによって不自然になっている場合(誤用)です。

「のだ」については、現状では、疑問文、否定文、平叙文での扱いがばらばらで、特に、1のような疑問文における非用はあまり問題とされていませんが、文法教育においては、非用は誤用と同じように改善すべき対象であると考えられます［⇒より進んだ導入，研究のために，第3部§1］。

一方、3は文法的に正しくなる場合もあり得ますが、「彼と結婚した理由」を否定したいとすれば、文法的に誤用となります。

どう考えるか

■ なぜ「非用」を扱うのか

上記のように、1のような疑問文における「のだ」の非用はあまり問題にされていませんが、後述するように、1は「クイズ疑問文」として解釈されるため、一般の(＝外国人の日本語に慣れていない)日本語母語話者は違和感を持つ発話です。また、3のような例を扱う上で、いずれにしても否定文の場合の「のだ」の有無を問題にする必要がありますが、疑問文と否定文にお

1　#はその文で意図している意味では非文であることを表します。

54　第1部　文法項目を導入するときに考えるべきこと

ける「のだ」の役割はほとんど同じです。以上のことから，**1**のような非用も重視する必要があると言えます。

■ 疑問文における「のだ」

次のやりとりを考えてみましょう。

4 田中：山田さんはビデオカメラを {○持っていますか／?持っている<u>ん</u><u>ですか</u>}？

　　山田：はい，{○持っています／×持っている<u>んです</u>}。

　　　　　いいえ，{○持っていません／?持っていない<u>んです</u>[2]}。

5 (山田さんがビデオカメラを手にしているのを見て)

　　田中：山田さんは新宿でそのビデオカメラを {?買いましたか／○買っ<u>た</u><u>んですか</u>}？

　　山田：はい，そうです。

　　　　　いいえ，違います。秋葉原で {?買いました／○買った<u>んです</u>}。

6 (山田さんがビデオカメラを手にしているのを見て)

　　田中：山田さんはどこでそのビデオカメラを {?買いましたか／○買っ<u>た</u><u>んですか</u>}？

　　山田：秋葉原で {?買いました／○買った<u>んです</u>}。

　　4のように文の真偽(この場合は「持っている」かどうか)のみを尋ねる場合には「のだ」を使いません。

　　一方，**5**は**4**とは異なり，文の真偽を尋ねているのではありません(聞き手がビデオカメラを手にしているので，聞き手がビデオカメラを持っていることは明らかです[3])。**5**で聞こうとしているのは，「聞き手がビデオカメラを買ったのは新宿である」かどうかです。つまり，**5**は次のような構造を持っています。

2　この場合，「のだ」を使わない答え方が普通ですが，「のだ」を使うことも可能です。ただし，「のだ」を使った場合は，「ビデオカメラを持っているのは普通だと思うが，自分は持っていない」といったニュアンスが出るので，使う場合は注意が必要です。

3　聞き手はビデオカメラを手にしているが，それを買ったのかどうかはわからないという場合もあり得ます。これについては後述します。

§7　「受難」の「んです」を救い出そう 〜のだ(1)〜　　55

5'a. 話し手が知っていること（前提）：
聞き手がXでビデオカメラを買ったこと（X＝場所）
　　　b. 話し手が知りたいこと（焦点）：
X＝新宿？

　文の中で既にわかっている内容を「前提（presupposition）」，前提以外の部分で，その文において知りたい内容を「焦点（focus）」と言いますが，この観点から言うと，**4**には前提がなく，**5**には前提があるということになります。前提がある文には必ず焦点があります。
　5と**6**を比べるとわかるように，**6**は**5**の特別な場合です。すなわち，**6**の構造は次のようになります。

6'a. 話し手が知っていること（前提）：
聞き手がXでビデオカメラを買ったこと（X＝場所）
　　　b. 話し手が知りたいこと（焦点）：
X＝？

　以上のことからわかるように，疑問文において「のだ」が使われるかどうかは次のようにまとめることができます。

7a.　文に前提がない（文の真偽のみを尋ねる）場合：「のだ」なし
　　b.　文に前提（および焦点）がある場合　　　　：「のだ」あり
　　c.　文に疑問詞が含まれる場合[4]　　　　　　　：「のだ」あり

　つまり，疑問文における「のだ」はその文に前提があるかどうかを表しているのです（**7**aと**7**bで答え方が異なることにも注意してください）。
　それでは，どのようなときに疑問文で「のだ」が使われるのでしょうか。それには次の3つの場合があります。

4　疑問詞は文中で常に焦点になります。また，疑問詞疑問文の答えになる部分（疑問詞に対応する部分）も常に焦点になります。

8 a. 文に必須補語(項)以外の要素が含まれる場合

   b. 文中の要素にプロミネンスが置かれた場合

   c. 文に疑問詞が含まれる場合   (=**7**c)

  動詞(などの述語[5])が意味を完結するために最低限必要とする要素を必須補語(または，項)と呼びます [⇒**第2部§2**]。例えば，「飲む」では「～が，～を」，「走る」では「～が」がこれに当たります。

  疑問文に，「～で」(場所)，「～といっしょに」(相手)などのこれ以外の補語(これを副次補語と言います)や「～から／ので(原因・理由)」のような節が含まれている場合，意味的に述語の部分の内容は前提となります。

  例えば，「新宿でそのビデオカメラを買った」かどうかを問題にする場合，上で見たように，「ビデオカメラを買った／持っている」ことはわかっている(＝前提となっている)わけです。同様に，次の場合も「洋子さんが彼と結婚した」ことは既にわかっていて，その理由を尋ねることになるので，「のだ」が必要になるのです。

  9 洋子さんは彼がお金持ちだから結婚した<u>ん</u>ですか。

      前提：洋子さんがX(理由)で彼と結婚した

      焦点：X＝彼がお金持ちだから？

  このように，「のだ」が使われるのは文中に副次補語が含まれる場合と疑問詞が含まれる場合が多いのですが，副次補語や疑問詞がない文でも「のだ」が使われることがあります(斜字体はプロミネンスを表す)。

  10 田中1：山田さんはビデオカメラを持っていますか？

      山田1：いいえ，持っていません。

      田中2：(翌日山田さんがビデオカメラを手にしているのを見て)

             山田さんはそのビデオカメラを*買った*<u>ん</u>ですか？

      山田2：いいえ，友だちに {?借りました／○*借りた*<u>ん</u>です}。

5　形容詞，「名詞＋だ」も必須補語を取りますが，多くの場合は「～が」だけなので，ここでは動詞の場合だけを考えます。

例えば，**10**では，山田1でビデオカメラを持っていないと言ったのに，山田さんがその翌日にビデオカメラを持っていたのですから，「買った」のかどうかが問題になります。つまり，**10**の構造は次のようになります。

10' 前提：山田さんがX（手段）でビデオカメラを持っている
　　　焦点：X＝買った？

こうした場合，焦点の部分にプロミネンスが置かれます（＝焦点の部分が強く発音されます）。

ここまで，**1**で「のだ」が必要である理由を見てきました。次に，**2**で「のだ」を使ってはいけない理由を考えます。

「のだ」を含む疑問文には，文中に前提が存在する場合（**8**a〜c）以外に，もう一つのタイプがあります。それは，次のセクションで扱う「（状況に対する）解釈」を表す平叙文を疑問文にしたものです。つまり，**8**a〜c以外の場合に疑問文で「のだ」を使うと，「状況に対する解釈」を尋ねる文になります。

例えば，**11**は「状況に対する解釈」を尋ねる文になりますが，それは結局，「あなたは大学生に見えないが，本当に大学生なのか」ということを尋ねることになります。

11　山田さんは大学生なんですか？　　　　　　　　　　　　　　（＝**2**）

こうした使い方は多くの場合，聞き手にとって不快なものであるので，少なくとも，そうしたことを理解して使えるようになるまでは，こうした文を産出しないようにする必要があります。そのためには次の方策が有効です。

12　述語が形容詞，「名詞＋だ」であるとき（＝動詞ではないとき）は疑問文で「のだ」を使わない。

■ 否定文における「のだ」

ここから否定文における「のだ」について考えますが，実は，否定文は疑問文とほぼ同様に考えることができます。次の例を見てみましょう。

13 私はビデオカメラを {○持っていません／?持っていないんです}。

14 私はそのビデオカメラを新宿で {?買いませんでした／○買ったので
はありません}。

13 14 はそれぞれ 4 5 に対応する否定文です。

したがって，13 には前提がなく，そのため「のだ」なしの否定文が使われ
ます(注2で述べたように，13 で「のだ」ありの否定文を使うと，特別なニュ
アンスになります)。

一方，14 で「のだ」が必要である理由は 5 と全く同じで，14 の構造は次の
ようになります。

14' 前提：私はX(場所)でビデオカメラを買った
　　焦点：X≠新宿

以上をまとめると，次のようになります(cf. 7)。

15 a.　文に前提がない(述語の内容を否定する)場合：「のだ」なし
　　b.　文に前提(および焦点)がある場合　　　　　　　：「のだ」あり

以上を踏まえて，16 が不自然である理由を考えてみましょう。

16 #洋子さんは彼が金持ちだから結婚しなかった。　　　　　　(＝3)

16 では「のだ」が使われていないので，15 a から述語を否定することにな
ります。つまり，「結婚しなかった」ということになります。もちろん，ここ
で言いたいことが「洋子さんが彼と結婚しなかった理由は，彼が金持ちだか
らだ」ということであれば，16 は正しいのですが，そうではなく，「洋子さん
が彼と結婚した理由は，彼が金持ちだからということではない」と言いたい
のだとすれば，16 は正しくなく，17' という構造を持つ 17 を使う必要がありま
す。

§7　「受難」の「んです」を救い出そう 〜のだ(1)〜　59

17 洋子さんは彼が金持ちだから結婚した<u>のではない</u>。

17' 前提：洋子さんはX（理由）で彼と結婚した

　　　焦点：X≠彼が金持ちだから

17（否定文）と**9**（疑問文）が完全に対応していることに注意してください。

否定文と疑問文は対応しているので，「のだ」が使われる条件も次のように
なります。

18 文に必須補語（項）以外の要素が含まれる場合　　　　　　（cf.**8**a）

さて，「のだ」ありの否定文（「のではない／んじゃない」）は，**14'**や**17'**から
わかるように，焦点を否定するだけです。例えば，**19**はビデオカメラを買っ
た場所が「新宿」ではないと言っているだけです。

19 私はそのビデオカメラを新宿で買った<u>のではありません</u>。　（＝**14**）

　　　　　　　　　　　　　　　　　　　　　（焦点：X≠新宿）

ただ，これでは普通聞き手は宙ぶらりんの状態に置かれるので，「のだ」あ
りの否定文のあとには，焦点（X）に当たるものが来るのが普通です。

20a.　私はそのビデオカメラを新宿で買った<u>のではありません</u>。

　 b.　秋葉原で買った<u>ん</u>です。　　　　（bの焦点：X＝秋葉原）

なお，否定文の場合も「のだ」がつくと全て前提が存在することになりま
す。したがって，次のように必須補語だけの場合でも「のだ」がつく場合と
つかない場合で意味が異なります。

21 北島は敗れた<u>のではない</u>。　　　　（朝日新聞デジタル 2012.7.31）

21は北島康介選手がロンドンオリンピック200メートル平泳ぎ決勝で4位に
なったことを伝えるコラムの見出しですが，**21**（「のだ」あり否定文）と**22**（「の
だ」なし否定文）では文の意味が異なります。

60　第1部　文法項目を導入するときに考えるべきこと

22 北島は敗れなかった。

　まず，22は述語を否定するので，北島は敗れなかった（＝3連覇した）こと
を表しますが，これは事実に反します。
　一方，21は次のような構造を持ちます。

21' 前提：北島にX（何か）が起こった
　　　焦点：X≠（北島が）敗れた

　また，「のだ」ありの否定文には焦点を特定する文が続くのが普通です。こ
の例ではコラムの最後に次の文が来ていました。

21"(a)彼［北島］はけっして敗れた<u>のではない</u>。(b)4大会連続入賞を
　　果たした<u>のだ</u>。　　　　　　　　　（朝日新聞デジタル2012.7.31）
　　　　　　　　　　（bの焦点：X＝（北島が）4大会連続入賞を果たした）

導入のポイントを考える

■ 疑問文と否定文を平行して導入する

　疑問文，否定文の「のだ」は一見複雑なようですが，実際は次のように単
純な使い分けです。まず，疑問文の場合は23のようになります。

23a.　述語が動詞以外のときには「のだ」を使わない[6]
　b.　述語が動詞のときは，その動詞の真偽のみを尋ねるときは「のだ」
　　　を使わない
　c.　その文の述語が正しいことがわかっていて，それ以外を尋ねると
　　　き（疑問詞が含まれる場合も含む）は「のだ」を使う

　23cになりやすいのは，5のように，聞き手の持ち物や話の中に出てきた
ものについて尋ねるときです。一方，話し手がその内容について全く情報を
持っていないときは23bになります。

6　ただし，次のセクションで扱う「状況に対する解釈」を尋ねる文を除きます。

導入に際しては，**23**b**23**cそれぞれになりやすい場面を考えて導入することが重要です。

なお，1つ注意する必要があるのは，文の形が疑問文であっても，内容が勧誘である場合には「のだ」は使わないということです。

24a．　明日いっしょに映画を見に行きませんか？
　　b．#明日いっしょに映画を見に行かない<u>ん</u>ですか？（勧誘としては×）

24aは疑問文の形をしていますが，内容は勧誘なので，この場合は**24**bのように「のだ」を使うことはできません。

疑問文がわかれば，否定文はほとんど同じように考えればよいので，次のようになります。

25a．　述語を否定するときは「のだ」を使わない
　　b．　その文の述語が正しいことがわかっていて，それ以外の部分を否定するときは「のだ」を使う
　　c．　bの場合，あとに焦点を特定する文が続くことが多い

つまり，述語を否定するのではなく，「XではなくYだ」と言うつもりでXに言及するときには「のだ」を使うということです。

したがって，導入に際しても，「（言いたいことは）XではなくYだ」ということを問題にするのはどのようなときであるかを考えて，導入や練習の場面を考えることが重要です。具体的には，例えば，本を「借りた」のではなく「買った」，パリへ「旅行で」行ったのではなく，「出張で」行ったなどの場合が考えられます。

より進んだ導入，研究のために

■ クイズ疑問文

5では「のだ」なし疑問文も使えるように思われるかもしれません。

26　?山田さんは新宿でビデオカメラを買いましたか？　　　　　（cf.**5**）

しかし，26は特殊な疑問文なのです。今，テレビのクイズ番組の企画で「山田さんの1日」を映像で追いかけたあとで，クイズ番組の司会者が回答者に向かって言ったとすると，26は自然です。

27　司会者：ここで問題です。山田さんは新宿でビデオカメラを{○買いましたか／×買った<u>ん</u>です<u>か</u>}？

このタイプの疑問文を「クイズ疑問文」と呼びますが，クイズ疑問文は通常の疑問文とは性質が異なります。疑問文が質問文として機能するためには，次の2点を満たす必要があります(南1985, 安達1999)。

28a．話し手の心中に，わからなくて，解決したいことがある
　　b．aについて聞き手が話し手よりも知識を持っている(と考えられる)

例えば，29では，話し手(田中さん)は，聞き手(山田さん)が新宿でビデオカメラを買ったのかどうかがわからず，そのことは，(聞き手自身のことなので)聞き手に尋ねればわかると考えられます。そのため，29は質問文として機能します。

29　田中：山田さんは新宿でそのビデオカメラを買った<u>ん</u>ですか？
(＝5)

一方，27の場合，司会者は答え(山田さんが新宿でビデオカメラを買ったかどうか)を知っているので，28aを満たしません。さらに，回答者(聞き手)は司会者(話し手)よりこのことに関する知識が明らかに少ないので，28bも満たしません。つまり，クイズ疑問文は，疑問文が質問文として機能する条件28を満たしておらず，質問文ではないと言えます。このように，29のような場合に「のだ」なし疑問文を使うと，一般の日本語母語話者にはクイズ疑問文として聞こえるので，不自然に感じられるのです。このような不自然さは，日本語学習者の日本語能力に対する日本語母語話者の評価を，「学習者の意図とは異なって」下げてしまうことになります。疑問文における「のだ」の非用はこうした点で，避けるべきであると言えます [⇨第3部§1]。

§7　「受難」の「んです」を救い出そう ～のだ(1)～　　63

■ 何を召し上がるんですか?

　このセクションでは前提を持つ疑問文では「のだ」が使われると述べてきました。ただ，日本語母語話者が発話する疑問文の中には「のだ」が使われるはずのところで「のだ」が使われないこともあります。これは，基本的に疑問詞疑問文の場合に見られる現象です。

　　㉚a.　パーティーにはだれが来た<u>ん</u>ですか?
　　b.　パーティーにはだれが来ましたか?

　例えば，㉚aの代わりに㉚bが使われることがあります。ただし，こうした場合，「のだ」あり疑問文を使っても問題はないので，産出という観点からはこうした例を気にする必要はありません。
　ただし，次の場面では「のだ」を使うと失礼になるので注意が必要です。

　　㉛　（メニューを見ながら）
　　　　先生は何を {○召し上がりますか／?召し上がる<u>んですか</u>} ?

　㉛の場合，「召し上がる」という敬語を使っていても，「のだ」あり疑問文は不自然に感じられます。この理由は現時点では不明ですが，聞き手に勧める感覚が含まれているためであるかもしれません(cf.㉔b)。

■ スコープの「のだ」とムードの「のだ」

　このセクションで扱った「のだ」に対する考え方は，基本的に野田(1997)の「スコープの「のだ」」と「ムードの「のだ」」の区別のうち，「スコープの「のだ」」に対応します(次のセクションは「ムードの「のだ」」に対応します)。ただし，完全に同じであるわけではありません。この辺りについて詳しくは庵(2013a)を参照してください。
　なお，「スコープの「のだ」」に関する議論としては，野田(1997)以外に久野(1983)，Takubo(1985)，益岡(1991)などが重要です。
　日本語教育の立場から「のだ」を考察したものに，今村(1996)，菊地(2000)，庵(2013a)などがありますが，その数は少ないです。菊地(2006)はエッセイですが，日本語における「のだ」の重要性と，日本語教育において

64　第1部　文法項目を導入するときに考えるべきこと

「のだ」が軽視されている状況に警鐘を鳴らしたものとして重要です（これに関連して庵（2013b）も参照してください）。また，庵・高梨・中西・山田（2000），庵・三枝（2012）も参照してください。

■ 参考文献

安達太郎（1999）『日本語研究叢書11　日本語疑問文における判断の諸相』くろしお出版

庵　功雄（2013a）「「のだ」の教え方に関する一試案」『言語文化』50，一橋大学

庵　功雄（2013b）「たかが「の」，されど「の」」『日本語教育，日本語学の「次の一手」』くろしお出版

庵　功雄・三枝令子（2013）『上級文法演習 まとまりを作る表現―指示詞，接続詞，のだ，わけだ，からだ―』スリーエーネットワーク

庵　功雄・高梨信乃・中西久実子・山田敏弘（2000）『初級を教える人のための日本語文法ハンドブック』スリーエーネットワーク

今村和宏（1996）「論述文における「のだ」文のさじ加減」『言語文化』33，一橋大学

菊地康人（2000）「のだ（んです）の本質」『東京大学留学生センター紀要』10，東京大学留学生センター

菊地康人（2006）「受難の「んです」を救えるか」『月刊言語』35-12，大修館書店

久野　暲（1983）『新日本文法研究』大修館書店

野田春美（1997）『日本語研究叢書 9　「の（だ）」の機能』くろしお出版

益岡隆志（1991）『モダリティの文法』くろしお出版

南不二男（1985）「質問文の構造」水谷静夫編『朝倉日本語新講座4　文法と意味Ⅱ』朝倉書店

Takubo, Yukinori（1985）"On the scope of negation and question in Japanese,"田窪行則（2010）「第 3 章 日本語における否定と疑問のスコープ」『日本語の構造―推論と知識管理―』くろしお出版に再録

8 文末に接続詞がある!?
〜のだ(2), わけだ, からだ〜

こんな例があります

1 ? 昨日は大学を休みました。両親が来日しました。

(☞来日したんです／来日したからです)

2 ? リストラされて生活が苦しいからといって, 泥棒をしてもいい<u>の</u>
<u>ではない</u>。(☞<u>わけではない</u>)

不自然さの理由を考える

1は「のだ」または「からだ」が必要なのに使われていない場合(非用)で,
2は否定文で「わけだ」を使うべきところで「のだ」を使った場合(誤用)で
す。現在の文法教育では, こうした場合について必ずしも十分な説明が行わ
れているとは言えないため, 学習者が自信を持ってこれらの形式を使い分け
られているとは言えません。文法教育の目的の1つは, 重要な形式について,
学習者が自信を持って使い分けられるような明確な規則を提示することにあ
ります [⇨第3部§1]。

どう考えるか

■「のだ」の3つの用法と「からだ」「わけだ」

このセクションでは最初に, 平叙文(疑問文, 否定文ではない文)における
「のだ」「わけだ」「からだ」の使い分けについて見ていきます。なお,「のだ」
と「わけだ」については平叙文ではその差はあまり出ないのですが, 否定文
では違いがはっきりするので,「のだ」と「わけだ」については, 否定文にお
ける違いを中心に考えます。

まず, 平叙文における「のだ」について考えますが, これには主に次の3
つの用法があります(これ以外の用法については, 庵・高梨・中西・山田(2001)

66　第1部　文法項目を導入するときに考えるべきこと

参照)。

3 a. 理由
   b. 状況に対する解釈
   c. 言い換え

3aは，**4**のように，「のだ」を含む文(以下，「のだ」文と言います)が，先行文の理由を表す場合です。

4　昨日はいつもより早く家に帰った。結婚記念日だった<u>のだ</u>。

この場合，普通「からだ」も使えます。

4'　昨日はいつもより早く家に帰った。結婚記念日だった<u>からだ</u>。

1は**3**aの例なので，「のだ」か「からだ」が必要なのです。
　一方，**3**bは，図1や**5**で表される場合で，ある状況を見て，その状況に対する解釈を述べる場合です。

5　(デパートで子どもが泣いているのを見て)あの子，迷子になった<u>んだ</u>。
6　(朝，外に出て道が濡れているのを見て)昨夜雨が降った<u>んだ</u>。

解釈

図1　状況に対する解釈

これも「理由」と言えますが，**3**aと異なり，「からだ」は使えません。

5'× あの子，迷子になった<u>からだ</u>。
6'? 昨夜雨が降った<u>からだ</u>。

　最後に**3**cは，「のだ」文が先行文（文連続でもよい）の言い換えになっている場合です。

7　彼は16歳から18歳までカナダで過ごした。カナダの高校で勉強した<u>のだ</u>。

　例えば，**7**は「（彼は）16歳から18歳までカナダで過ごした」ということを「カナダの高校で勉強した」と言い換えています。これは，意味的に「（彼は）16歳から18歳までカナダで過ごした」＝「カナダの高校で勉強した」であることを意味しています。
　こうした言い換えの場合，「のだ」の代わりに「わけだ」も使えます。

7'　彼は16歳から18歳までカナダで過ごした。カナダの高校で勉強した<u>わけだ</u>。

■「のだ」と「わけだ」の使い分け（平叙文）

　平叙文の場合，「のだ」と「わけだ」の違いは微妙ですが，次のような場合は「わけだ」が好まれます。

1) それまでわからなかった**理由**がわかったとき

　8は，Aの発話を聞いて，Bにとってそれまで謎であった「田中さんが英語がうまい理由」がわかったという場合ですが，このような場合には「のだ」ではなく，「わけだ」が使われます。この場合，文頭に「道理で」が使われることが多いです。同じ意味で，「はずだ」も使えます。

8　A：田中さんは大学時代アメリカに留学していたんだって。
　　B：道理で，英語がうまい {○わけだ／?のだ／○はずだ}。

68　第1部　文法項目を導入するときに考えるべきこと

2）相手の発話から推論したことを表すとき

9は，Aの発話からBが「来週のゼミは休講になる」という推論をしたことを表しますが，このような場合には「のだ」ではなく，「わけだ」が使われます。この場合，文頭に「ということは」が使われることが多いです。

> **9**　A：田中先生は来週海外出張だって。
> 　　 B：ということは，来週のゼミは休講になる {○わけだね／?んだね}。

3）前文から単純な推論で得られる内容を表すとき

10のように，前文から単純な推論(この場合は引き算)で得られる結論を述べるときには「のだ」より「わけだ」が好まれます。ただし，1)2)とは異なり，「のだ」も使えます。

> **10**　朝，財布に2万円入れた。帰ってから数えたら3千円しか残っていなかった。1日で1万7千円も使った {○わけだ／(?)のだ}。

4）それ以外の場合

以上の1)～3)は「わけだ」の方が好まれる場合ですが，これ以外の場合は「のだ」も「わけだ」も使えます。ただし，書きことばにおいては「のだ」の方が圧倒的に多く使われているので，1)～3)以外の場合には「のだ」を使った方が安全であると言えます。

■「のだ」と「わけだ」の使い分け(否定文)

このように，平叙文では「のだ」と「わけだ」の違いは微妙です。しかし，否定文では両者の違いはかなりはっきりします。

1）「のではない」の意味

まず，「のではない」は，前のセクションで見たように，「XではなくY」と言うつもりで，Xを否定する場合に使われます。

11は，このペンを「買った」ことを否定し，「友だちにもらった」と述べる場合ですが，こうした場合は「わけではない」は普通使われません。

⑪　私はこのペンを買った {○のではない／?わけではない}。友だちに
　　もらったのだ。

2)「わけではない」の意味

　「わけではない」は推論の結果を否定するときに使われます。

　⑫は「リストラされて生活が苦しい→泥棒をしてもいい」という推論が可
能かもしれないが，その推論は間違っている，ということを表します[1]。

⑫　リストラされて生活が苦しいからといって，泥棒をしてもいい
　　{○わけではない／?のではない}。　　　　　　　　　　(=❷)

導入のポイントを考える

▪ 段階を追った導入

　「のだ」に関しても段階を追った導入が重要です。「のだ」の場合は，それ
に加えて，話しことばと書きことばの違いも考える必要があります。

1)話しことばにおけるポイント

　話しことばでは，❸a❸bの用法，特に，❸bがよく使われます。

　前セクションで，述語が動詞以外のときは「のだ」あり疑問文は使わない
方がよいと述べました。これは，述語の真偽だけを聞きたいのに「のだ」を
使ってしまうと，「状況に対する解釈」を尋ねることになってしまうからで，
その意味で，初級ではこの方策は重要ですが，中級になると，「状況に対する
解釈」を尋ねる場面も取り入れていく必要が出てきます。

⑬　(荷造りをしている人を見て)出張なんですか？
⑭　(顔色が悪い人に向かって)心配事があるんですか？

　こうした場合の「のだ」あり疑問文は「状況に対する解釈」を尋ねており，
述語の真偽を尋ねているのではないことに注意が必要です。後者の意味で「の
だ」あり疑問文を使うと聞き手に失礼になる可能性が高いのです。

1　「わけではない」のこれ以外の用法については，庵・高梨・中西・山田(2001)を参照してください。

70　第1部　文法項目を導入するときに考えるべきこと

「状況に対する解釈」の用法は「のだろう，のかもしれない」という形でもよく使われます。

⑮　(デパートで子どもが泣いているのを見て)あの子，迷子になった {んだ／のだろう／のかもしれない}。　　　　　　　　(cf.⑤)

「のだろう，のかもしれない」は「のだ」に「だろう，かもしれない」がついたものです。例えば，⑮で「のだ」を使うと，「あの子は迷子になった」という解釈を100％そうだと思っていることになりますが，「だろう，かもしれない」を使うと，100％そうだとは言い切れないという気持ちを表します。これは，⑯で「降る」と言うと，明日雨が降ることを100％そうだと思っていることになるのに対し，「降るだろう／降るかもしれない」と言うと，100％そうだとは言い切れない気持ちを表すのと同じことです。

⑯　明日は雨が降る {φ／だろう／かもしれない}。

この用法は「だろう」と「かもしれない」に限られ，「そうだ，ようだ，はずだ」などそれ以外のモダリティ形式は「の」の後に使えません[2]。

⑮'　あの子，迷子になった {×のようだ／×のらしい／×のはずだ／×のそうだ}[3]。

2) 書きことばにおけるポイント

これに対し，書きことば，特に論説文では「のだ」の用法の大部分が❸cの言い換えになります。この点は，産出(書く)だけでなく，理解(読む)においても重要です。次の文章を見てみましょう。

⑰　私の住む神奈川県には，『神奈川新聞』という最有力の地元新聞があ

2　「のにちがいない」は可能ですが，実例はあまり多くありません。

3　「のようだ／のはずだ」は名詞の後では使えます(この場合，「の」を「である」で置き換えられることに注意してください)。
・田中さんは大学院生 {のようだ／のはずだ}。

§8　文末に接続がある!?　～のだ(2)，わけだ，からだ～　　71

ります。(a)この新聞が，1991年春の入試シーズンに公立高校の合格者名の報道をしませんでした。(b)それまでは毎年のせていた名簿が，その年はのらなかった<u>の</u>です。新聞社には，どうしてのせないのだという問い合わせ電話が，300本ほどかかったそうです。

(岸本重陳『新聞の読み方』)

この例の「のだ」は次の関係を表すために使われています。

17' この新聞が，1991年春の入試シーズンに公立高校の合格者名の報道をしなかった＝それまでは毎年のせていた名簿が，その年はのらなかった

これを読解から見ると，(a)の部分（1文ではなく複数の文連続の場合もある）の意味がわからなくても，(b)の「のだ」文の意味がわかれば，その部分の意味はわかるということなので，特にまだ読解能力が高くない時期の学習者にはこのように「のだ」に着目させることは有効だと考えられます。

これと同じ機能を持つのは，「つまり，すなわち，要するに」と「わけだ」です。読解に際してはこの5つの形式に注目させるのがよいでしょう。

一方，「のだ」の用法の大部分が「言い換え」であるということを作文という観点から見ると，次のようになります。上の説明でもわかるように，「言い換え」があると，その前の部分を読まなくても「のだ」文だけ読めば，その部分の意味がわかります。「のだ」が段落の最後や文章の最後に現れやすいのはこのためであると考えられます。

ただし，このことは，「のだ」を多用してはいけないということにもつながります。なぜなら，「のだ」は「言い換え」であり，「言い換え」はその前の部分を読まなくてもよいということになるので，これを多用するということは，「のだ」文の前の記述が無駄になるということになるからです。

結局，「のだ」を使うべきなのは，前の表現では十分に自分の意図が通じないと思ったときや同じ内容を別の側面から読者に考えてほしいときなどに限られ，かつ，その数もできるだけ少なくすべきだということになります。

■「ではないか（じゃないか）」と「のではないか（んじゃないか）」

　話しことばと書きことばに共通して使われ，使い方が難しいものに，「ではないか（じゃないか）」と「のではないか（んじゃないか）」があります。

1)「ではないか（じゃないか）」の使い方

　話しことばでは「じゃないか」，書きことばでは「ではないか」の形で使われるのが普通です。この形は前に来る語の品詞が重要です。

　まず，⓲のように前が名詞，ナ形容詞のときは否定疑問文になり，「たぶん〜と思う」といった意味を表します。この場合，文末のイントネーションは（通常の疑問文と同様）上昇調（↑で表します）になります。

> ⓲　これは正解 {ではないか／じゃないか} ？↑（名詞）
> ≒これは正解だと思う。

　一方，動詞，イ形容詞に続くときは文末のイントネーションは（通常の平叙文と同じ）自然下降調（→で表します）になります。また，文の意味は「聞き手をあるものに注目させる」といったものであり，それが⓳のように聞き手に対する非難になったり，⓴のようにその後の談話で使うために聞き手の記憶を活性化するために使われたり，㉑のように，その文を言うまでに持っていた感覚と異なる「意外」さを表すことになります（三宅(2011)参照）。

> ⓳　昨日，授業はあったじゃないか。→（動詞）（非難[4]）
> ⓴　高校の同級生に山田って奴がいたじゃないか。→
> 　　　　　　　　　　　　　　　　　　　（動詞）（記憶の活性化[5]）
> ㉑　このケーキ，おいしいじゃないですか。→（イ形容詞）（意外）

4　「ではないか（じゃないか）」の基本的な意味は「聞き手をあるものに注目させる」ということなので，次のように，肯定的な内容の場合もあり得ます。
　・（入試に失敗した人に）来年また頑張ればいいじゃないか。→（励まし）

5　この用法の場合，「じゃないか」の形では上昇調になりませんが，「じゃない」の形なら上昇調も可能です。その他の用法では「じゃない」の形でも上昇調にはなりません。
　・高校の同級生に山田って奴がいたじゃない。→／↑

2）「のではないか（んじゃないか）」の使い方

話しことばでは「んじゃないか」，書きことばでは「のではないか」の形で使われるのが普通です。

話しことばでは，否定疑問文に近い意味を表します。

22 彼は来ないんじゃないか？↑（否定疑問文に近い）
≒彼は来ないかもしれない。

書きことばでは，「と思う，だろう」に近い書き手の判断を表します[6]。

23 新しい政策を打ち出す際には選挙で国民の意見を聞くべきなのではないか。（≒聞くべきだと思われる，聞くべきだろう）

より進んだ導入，研究のために

■「のだ」は用法に分けて考える

以上，2つのセクションに分けて「のだ」について見てきました。「のだ」は話しことばでも書きことばでも頻用されるものでありながら，その使い方について，日本語教育の立場から考察したものはほとんどありません。

産出の立場から「のだ」を考える場合，「のだ」の意味を「説明」のように抽象化することは適切ではありません。「のだ」の意味が「説明」と規定できたとしても，日本語のように「説明」が文法化されている（＝「のだ」を使うことが必要な場合が多い）言語は多くないため，そのような規定では，どのような場合に「説明」をすればよいのかが学習者にはわからないからです。

この2つのセクションで行ったのは，「のだ」を用法ごとに取り上げ，どのような意味を表すときに「のだ」を使うのか，あるいは使わないのかを規定するということです。このように規定することによって，学習者が自分で書いた文章を自分で修正できるようになると考えられます ［⇨第3部§1］。

■ 文末の接続詞

「のだ」は「つまり」などと近い機能を持っています。「つまり」などが文

---

6 「のではないか」以外に「のではないだろうか，のではなかろうか」なども使われます。

74 第1部 文法項目を導入するときに考えるべきこと

頭に置かれる接続詞だとすれば,「のだ,わけだ,からだ」は文末の接続詞であると言えます(「文末の接続詞」は石黒(2008)の用語です)。

　その他,本セクションの内容について詳しくは,寺村(1984),松岡(1987),田野村(1990),野田(1997),庵・高梨・中西・山田(2001),名嶋(2007),庵・三枝(2012),庵(2013)などを参照してください。

■ 参考文献

庵　功雄 (2013)「「のだ」の教え方に関する一試案」『言語文化』50, 一橋大学

庵　功雄・三枝令子 (2012)『上級日本語文法演習　まとまりを作る表現―指示詞,接続詞,のだ・わけだ・からだ』スリーエーネットワーク

庵　功雄・高梨信乃・中西久実子・山田敏弘 (2001)『中上級を教える人のための日本語文法ハンドブック』スリーエーネットワーク

石黒　圭 (2008)『文章は接続詞で決まる』光文社新書

田野村忠温 (1990)『現代日本語の文法(1)「のだ」の意味と用法』和泉書院

鶴田庸子 (1997)「ジャナイデスカの発生と不快さについて」『言語文化』34, 一橋大学

寺村秀夫 (1984)『日本語のシンタクスと意味Ⅱ』くろしお出版

名嶋義直 (2007)『日本語研究叢書19　ノダの意味・機能』くろしお出版

野田春美 (1997)『日本語研究叢書9　「の(だ)」の機能』くろしお出版

松岡　弘 (1987)「「のだ」の文・「わけだ」の文に関する一考察」『言語文化』24, 一橋大学

三宅知宏 (2011)「第15章　推量と確認要求」『日本語研究のインターフェイス』くろしお出版

9 本当に難しいの?
～「は」と「が」(1)～

こんな例があります

1 ?この本が田中さんが書いた。(☞この本は田中さんが書いた)

2 ×この本は面白いではない。(☞この本は面白くはない)

不自然さの理由を考える

　ここからの2つのセクションでは「は」と「が」について考えます。「は」と「が」の使い分けという場合は，ともに「主語」を表す場合について考えるわけですが，その問題は次のセクションで考えることとし，このセクションでは，「は」と「が」に関わるそれ以外の様々な問題を扱うことにします。

どう考えるか

　ここでは，まず「は」と「が」の基本的な違いについて考えます。

■ 主題を表す「は」

　「は」は**主題**(theme, topic)を表します。主題というのは，文頭にあって，その文が何について述べるのかを示すものです。文全体から主題を除いた部分を**解説**(rheme, comment)と言います。三上章の言い方で言うと，主題は「～について言えば(英語の As for～)」という意味を表します。

　例えば，**3**は「あの人」について，**4**は「私」について述べる文です。それぞれの構造は下のようになります。

3　　あの人は　　田中さんです。
　　　　主題　　　　　解説

76　第1部　文法項目を導入するときに考えるべきこと

4 私<u>は</u>　スーパーでお菓子を買った。
　　　主題　　　　　　解説

　主題を持つ文を有題文と言います。なお，全ての文に主題があるわけではなく，次のような主題を持たない文(無題文)もあります。

5 雨が降っている。
6 昨日，駅前で交通事故があった。

　次の**7**aでは「山田さん」が主題ですが，**7**bでは「山田さん」は主題ではなく，「山田さんがこの本を書いたこと」全体が主題になります。ここで，**7**bの下線部を**7**aと比べると，**7**aには現れていないガ格が**7**bの下線部には現れることがわかります。これは，この部分が「こと」に対する連体修飾節になっているためです。

　このように，「～こと」という言い方を使うと，「は」の文に隠れている格関係がわかります。これは三上章が考案した「無題化」という方法です(三上1960)。「～こと」の「～」の部分をその文の命題と言います。

7a.　山田さん<u>は</u>この本を書いた。
　　　　　主題
　 b.　[山田さん**が**この本を書いた] こと<u>は</u> 事実だ。
　　　　　　　　　　　　　　　　　主題

　7～**10**からわかるように，命題の中の格助詞が「が，を」のときはそれを消去して「は」がつくのに対し，格助詞が「が，を」以外のときは格助詞が残ってそれに「は」がつきます。これは，「は」がとりたて助詞であるためです [⇒§1]。

8a.　この本は山田さんが書いた。
　 b.　この本を山田さんが書いた(こと)[1]
9a.　洋子さんには田中さんが連絡した。
　 b.　洋子さんにφ田中さんが連絡した(こと)

1　以下，簡略化してこのように書きます。

10a. 東京本社からは山田さんが来ていた。

　b. 東京本社から φ 山田さんが来ていた（こと）

　このように，「は」は命題を表すレベル（命題レベル）の上にかぶさって，その文が何について述べる文であるかを決める役割を担っています。つまり，「は」は伝達レベルの助詞なのです。

11a. 山田さんはこの本を書いた。　　　＜伝達レベル＞

　b. 山田さんがこの本を書いた（こと）＜命題レベル＞

　ここで，**7**aと**8**aは命題レベルでは同じ事実関係を述べています。しかし，次のように，それぞれが使われる文脈は異なります[2]。

12　A　：　山田さんは夏休みにどうしてたの？

　　B1：○　山田さんはこの本を書いたんだよ。　　　　　（≒**7**a）

　　B2：?　この本は山田さんが書いたんだよ。　　　　　（≒**8**a）

13　A　：　この本はどうしたの？

　　B1：?　山田さんはこの本を書いたんだよ。　　　　　（≒**7**a）

　　B2：○　この本は山田さんが書いたんだよ。　　　　　（≒**8**a）

　これは，**12**ではテキスト全体の主題が「山田さん」に，**13**では「この本」になっているためです。このように，事実関係としては同じであっても，主題が異なることでテキストにおける機能が変わってくるのです。

■ **主語でもある「は」と主語ではない「は」**

　このように，**7**aと**8**aは命題レベルでは同じでも伝達レベルで異なるのですが，これを別の観点から言うと，**7**aと**8**aは同じ命題の中の別の要素を主題として取り立てたものだと言えます。

　14aは**16**のガ格を主題として取り立てたものです。「山田さんが」はもともと文頭にあるので，それに「は」をつけます。ここで，「がは」という連続は

2　対話での自然さを考慮して文末に「んだよ」を付加しますが，これはここでの話の内容には影響しません。

78　第1部　文法項目を導入するときに考えるべきこと

許されないので，「が」が消えて⓮bになります。

⓯aは⓰のヲ格を主題として取り立てたものです。「この本」は文頭になく，主題は文頭になければならないので，「この本」を文頭に移して，それに「は」をつけます。ここで「をは」という連続は許されないので，「を」が消えて⓯bになります。

⓮a.　山田さん~~が~~はこの本を書いた。
　　b.　山田さんはこの本を書いた。　　　　　　　　　　　　（＝❼a）
⓯a.　この本~~を~~は山田さんが書いた。
　　b.　この本は山田さんが書いた。　　　　　　　　　　　　（＝❽a）
⓰　山田さんがこの本を書いた（こと）

以上からわかるように，⓮bの「山田さんは」は格としてガ格であり，⓯bの「この本は」は格としてはヲ格です[3]。この後述べるように，ガ格は基本的に主語を表すので，次のようになります。

⓮b.　山田さん[は]　　この本を書いた。（主語でもある主題）
　　　　主題＆主語
⓯b.　この本[は]　　山田さんが書いた。（主語ではない主題）
　　　　主題　　　　　主語

このように，「は」は主語でもある場合もありますが，あくまでも「主題」を表すものであることを理解することが重要です。

■ 主語を表す「が」

「は」が主題を表すのに対し，「が」は**主語**（subject）を表します。主語というのは，述語が表す動作，出来事，状態，属性などの主（ぬし）を表すもので，次の文の下線部がそれに当たります。主語は命題レベルで考えます[4]。

3　三上章はこのことを「は」が「が」や「を」を「兼務する」と述べています（三上1960, 庵2003）。

4　伝達レベルと命題レベルの間に文法関係レベルを設けて，主語や目的語はそこで扱うという考え方もあり得ます（柴谷1978, 庵2012）。

§9　本当に難しいの？ ～「は」と「が」(1)～　　79

⑰　太郎がカレーを作った(こと)　　(動作主)

⑱　その火山が噴火した(こと)　　(出来事の主)

⑲　机の上にリンゴがある(こと)　　(存在の主)

⑳　太郎が大学生である(こと)　　(属性の主)

「が」は格助詞であり，同時に多くの場合主語を表します。「は」と「が」の機能の違いをまとめると，次のようになります。

表1　「は」と「が」の機能の違い

	は	が
品詞	とりたて助詞	格助詞
文法的機能	主題	主語
関わるレベル	伝達レベル	命題レベル

「は」と「が」については，まず**表1**の違いを理解することが必要です。

■ 主語を表す以外の「が」

「が」は主語を表すのが普通ですが，主語を表さない場合もあります。

1)「好きだ，嫌いだ」の目的語の場合

目的語は普通「を」で表しますが，ナ形容詞である「好きだ，嫌いだ」の場合は目的語に「が」を使います。

㉑　太郎は花子(のこと){○が／?を} 好きだ／嫌いだ。

㉒　太郎は花子(のこと){×が／○を} 愛している。

2)項の増減をともなわないボイス表現

可能，難易などの項の増減をともなわないボイス表現 [⇒**第2部§3**] では「が」が使われるのが普通です[5]。

5　これらの形式における「を」の許容度には差があるので，「が」を使うのが安全であると言えます。ただし，「～たい」(願望)の場合は，「を」が普通で「が」はほとんど使われないので，「を」を使った方がよいでしょう(庵1995)。

・これからいろいろなこと {?が／○を} 考えたい。

㉓ 彼女はドイツ語 {○が／○を} 話せる。　　　（可能）

㉔ これからゆっくり読書 {○が／×を} できる。　　（可能）

㉕ この本は論理展開 {○が／×を} わかりやすい。（難易）

㉖ 私は高い音 {○が／?を} 聞きにくい。（難易）

■「は－が」構文

　日本語の重要な構文に「は－が」構文（「XはYがZ（だ）」文）があります[6]。これには，次の2つのタイプがあります。

1）Yが省略できないもの

　このタイプの場合，ZはYとだけ結びついていると考えられます。つまり，「YがZ」が1つの述語となっているということです。

㉗ 象は鼻が長い。　　　　（×象は長い）

㉘ この国は天然資源が多い。（×この国は多い）

2）Yが省略できるもの

　このタイプの場合，YはZの1つの側面を表しています（高橋1977参照）。例えば，㉚の場合，「安い」ものの1例として「野菜」を挙げています。

㉙ この本は内容が面白い。　　（○この本は面白い）

㉚ あのスーパーは野菜が安い。　（○あのスーパーは安い）

㉛ 田中さんはお父さんが医者だ。（○田中さんは医者だ）

　このタイプの場合，「Yが」を省略しても文としては成り立ちます。ただし，「Yが」を省略すると文の意味が変わってしまうことがあります。例えば，㉚'aは「野菜」について言っているので，肉など他のものは高くても文として正しいですが，㉚'bは「あのスーパー」全般に関する内容になるので，全てのものが安くないと文として正しくなりません。

6　上で見た「主語を表さない「が」」に関するもの，および，ヲ格を取り立てた文は「は－が」構文には含めないのが普通です。
　　・この子は難しい本が読める。
　　・この本は田中さんが書いた。

§9　本当に難しいの？ ～「は」と「が」(1)～　　81

③'a. あのスーパーは野菜が安い。　　　　　　　　（＝㉚）
　　b. あのスーパーは安い。

㉛も同様で，「田中さんのお父さんが医者」であるからと言って，「田中さんが医者」であるとは限りません。

■ その他の「は」の用法

「は」はとりたて助詞なので，名詞句以外のものも取り立てられます。

㉜　友人に頼まれたので，その人に会いはした。（動詞）
㉝　この本は面白くはない。　　　　　　　　（イ形容詞）　（cf.❷）

動詞を取り立てるときは次のようになります。

㉞　辞書形→連用形＋は＋する　　　読む　　→読みはする
　　タ形　→連用形＋は＋した　　　読んだ　→読みはした
　　マス形→連用形＋は＋します　読みます→読みはします

テ形を含む表現(テイルなど)やイ形容詞の否定の場合はテ形や連用形の後に「は」が入ります。

㉟　読んで {いる／います}　　　→　読んでは {いる／います}
㊱　面白く {ない／ありません}　→　面白くは {ない／ありません}

こうした表現は「対比」を表すので，次のように続くのが普通です。

㉜'友人に頼まれたので，その人に会いはしたが，あまりいい印象は持てなかった。
㉝'この本は面白くはないが，役には立つと思う。

82　第1部　文法項目を導入するときに考えるべきこと

導入のポイントを考える

「は」と「が」に関する最大のポイントは，主題と主語の違いです。

■ 最低限の文法用語は導入する

「は」と「が」の導入に関しては最低限の文法用語は導入した方がよいでしょう。本セクションの内容に関しては，主題，主語，目的語です。

主語は，動作，出来事などの主であり，主題と主語のズレが問題になるのは基本的には動詞文なので，まず，**37 38 39**のような「が」が現れている文で主語を確認し，次に，**40 41**のような「が」が現れていない（主題と主語が一致している）文について主語はどれか考えさせ，最後に，**42 43 44**のような主題と主語が一致しない文で主語が正しく特定できるかを見て，もし間違えるところがあれば，動作や出来事の主という意味に基づいて考えさせるとよいでしょう。

> **37** 太郎が本を読んでいる。
> **38** 雨が降っている。
> **39** 壁に絵が貼ってある。
> **40** 次郎は昨日アメリカに出発した。
> **41** 財布は机の上に置いてある。
> **42** そのゲームは任天堂が作った。
> **43** 冷蔵庫のケーキは弟が食べた。
> **44** 田中さんには私が連絡した。

このようにして，「が」が主語であることが特定できたら，このセクションで示したような流れにそくして，「は」は主題，「が」は主語を表すということを理解するための練習を行います。

「は−が」構文は，日本語の形容詞文でよく使われるもので，形容詞を導入する際に導入するとよいでしょう。

> **45 a.** この町はにぎやかだ。
> **b.** この町は駅前がにぎやかだ。

§9 本当に難しいの？ 〜「は」と「が」(1)〜　83

46 a. 日本語は難しい。

　　b. 日本語は漢字が難しい。

47 a. あの山は高い。

　　b. 太郎は背が高い。(×太郎は高い)

　例えば，**45** aは「この町」全体のことを述べているのに対し，**45** bは「この町」の中の「駅前」に限定して述べています。**46** もaは「日本語」全体について，bはより限定して述べています。このbのパターンが固定化したのが**47** bの「背が高い」のような場合です。この場合は**45** b**46** bとは異なり，「背」以外にYの位置に来るものが考えられません。この場合，**47** aのような「もの」が主語の場合はYを省略します。

48 a. 林さんはお父さんが医者だ。

　　b. 林さんのお父さんは医者だ。

　おそらく全ての言語で**48** bに対応する表現は可能だと思いますが，**48** aに対応する表現をする言語は少ないかもしれません。日本語では，文脈内で主題が一貫することが好まれるため，**50** のような言い方よりも，主題が一貫している**49** のような言い方が好まれ，そのために，**48** aのような表現が必要となるのです。

49　林さんはお父さんが医者だ。だから，いつも高い服を着ている。

50　林さんのお父さんは医者だ。だから，林さんはいつも高い服を着ている[7]。

　このように，本セクションの内容については，「主題」と「主語」の違いと，「主題」を一貫させるということを理解させることが重要です。

7　**50** の後文で「林さんは」を省略すると，その主題は「林さんのお父さん」になってしまうので，ここでは「林さんは」を省略することはできません。

・林さんのお父さんは医者だ。だから，いつも高い服を着ている。
　（高い服を着ているのは林さんのお父さん）

84　第1部　文法項目を導入するときに考えるべきこと

より進んだ導入，研究のために

■ 3種類の主語

　ここでは，主語を自明のように使ってきましたが，実は，ヨーロッパの言語においても，主語という語はいくつかの使われ方をしています。

　まず，文法的主語(grammatical subject)というのは，本書で採用しているような文法的特徴に基づくものです。

　一方，論理学的主語(subject in logical sense)というのは，主題のことです。ヨーロッパ言語には日本語の「は」と「が」のような形の上での違いがないため，主題の意味で主語と言うことがよくあり，そのことが議論を混乱させる原因の一つになっています。

　最後に，論理的主語(logical subject)というのは，動作主のことです。例えば，直接受動文の主語は論理的には対応する能動文の主語であると考える場合，こうした言い方が使われます。

　主語，主題，動作主という概念は，ヨーロッパ言語においても区別すべきものですが，「は」と「が」の区別を持つ日本語では真っ先に区別しなければならないものであると言えます。これらの概念の区別について詳しくは柴谷(1978)，角田(2009)などを参照してください。

■ 三上章の主語廃止論

　日本語の「は」と「が」の区別について，生涯発言を続けたのが三上章です。三上は，「は」は主題，「が」は主格(nominative case)を表すとし，日本語にはヨーロッパ言語における主語(文法的主語)は存在しないという主語廃止論を主張しました。三上は主語廃止論の立場から，このセクションで取り上げた無題化をはじめ，日本語統語論の様々な分野において重要な指摘を行いました(三上(1953, 1955)，庵(2003, 2012)などを参照)。

　三上の主語廃止論の主張にはやや強すぎる部分がありますが，基本的な考え方は概ね正しいと考えてよいと思われます。三上の主語廃止論について詳しくは，三上(1960, 1963)，庵(2003, 2012)などを参照してください。

　その他，本セクションの内容について詳しくは，菊地(1990, 1995, 2010)，野田(1996)，堀川(2012)，庵(2014)などを参照してください。

■ 参考文献

庵　功雄（1995）「ガ〜シタイとヲ〜シタイ―格標示のゆれに関する一考察―」『日本語教育』86

庵　功雄（2003）『『象は鼻が長い』入門―日本語学の父　三上章―』くろしお出版

庵　功雄（2012）『新しい日本語学入門（第2版）』スリーエーネットワーク

庵　功雄（2014）「書評　堀川智也著『日本語の「主題」』」『日本語文法』14-1

菊地康人（1990）「「XのYがZ」に対応する「XはYがZ」文の成立条件」国広哲弥教授還暦退官
　　記念論文集編集委員会編『文法と意味の間』くろしお出版

菊地康人（1995）「「は」構文の概観」益岡隆志・野田尚史・沼田善子編『日本語の主題と取り立て』
　　くろしお出版

菊地康人（2010）「日本語を教えることで見えてくる日本語の文法」『日本語文法』10-2

柴谷方良（1978）『日本語の分析』大修館書店

高橋太郎（1977）「文中にあらわれる所属関係の種々相」『国語学』103

角田太作（2009）『世界の言語と日本語（改訂版）』くろしお出版

野田尚史（1996）『新日本語文法選書1　「は」と「が」』くろしお出版

堀川智也（2012）『日本語の「主題」』ひつじ書房

三上　章（1953）『現代語法序説』刀江書院，くろしお出版から再版（1972）

三上　章（1955）『現代語法新説』刀江書院，くろしお出版から再版（1972）

三上　章（1960）『象は鼻が長い』くろしお出版

三上　章（1963）『日本語の論理』くろしお出版

10 本当は簡単!
～「は」と「が」(2)～

こんな例があります

1 ×田中さんは貸してくれた本は面白かった。(☞が)

2 ?私が来週中国に出張します。(☞は)

不自然さの理由を考える

　§9では「は」と「が」の基本的な違いについて考えました。「は」は主題,「が」は主語という違いがあります。ただ,「は」には「主語でもある「は」」があり, それが「は」の用法のかなりの部分を占めるのも確かであり, この場合に「が」との使い分けが問題になります(野田 1985, 1996 参照)。

　「は」と「が」の使い分けが問題になるのは,「は」と「が」が「主語」である場合です(以下, このセクションでは主語の「は」と「が」のみを扱います)。このセクションではこの場合における「は」と「が」の使い分けについて考えますが, 結論から言えば,「は」と「が」の使い分けはとても単純で, どの言語の話者にとっても難しいものではありません。

どう考えるか

■「は」と「が」の使い分けを考える上で必要な概念

　このセクションでは,「は」と「が」の使い分けに関するフローチャートを提案しますが, それを理解する上で, いくつか必要な考え方があります。これらは全て『1』の第2部, 第3部で説明していますので, そちらを合わせてご覧ください。

1) 100%を目指さない文法

　本書では(『1』,『2』を通して)「産出のための文法」[⇒『1』第3部§3] の

§10　本当は簡単! ～「は」と「が」(2)～　　87

立場から記述を考えています。その立場からは「100%を目指さない文法」が重要になります。後述するフローチャートには一定数の「例外」は出てきますが，まずはその点を考えずに，大多数の用例をごく少数の規則で説明するということを考える必要があります。

2）無標と有標

『1』と連動しますが，文法的類義表現の記述に当たっては，可能な限り，規則を無標と有標 [⇒『1』第2部§5] の立場から記述することが重要です。『1』ではこのことの実例を示しました [⇒『1』第1部§1,9] が，「は」と「が」の使い分けもこの観点から見ると，非常に単純に捉えられます。

■ 必要な区別

ここからフローチャートに入りますが，まず，フローチャートを考える上で，必要な区別について述べます。

1）単文と複文，主節と従属節

まず，単文と複文です。

日本語で単文と複文をどのように定義するかは難しいのですが（寺村 1982，庵 2012），ここでは，接続助詞を含む文を複文，含まない文を単文と考えておきます。なお，連体修飾節（名詞修飾節）を含む文については，単文と見る考え方もありますが，ここでは，これも複文と考えます。

このように考えた場合，接続助詞で終わる部分，および，連体修飾節を従属節，文の中で従属節を除いた部分を主節と言います [⇒第2部§1]。日本語の場合，少なくとも，書きことばでは従属節が主節より必ず前に来ます（逆の順になると倒置と解釈されます）。例えば，**3**a が通常語順で，**3**b は倒置と解釈されます。一方，英語では**4**a も**4**b も文法的には（特にどちらかが倒置というわけでもなく）可能です（⬚は接続助詞または接続詞）。

    3a.   私がここに着いた⬚とき⬚，彼はもう出発していた。
            従属節   主節

      b.   彼はもう出発していた，私がここに着いた⬚とき⬚。（倒置）

4 a. [When] I arrived, he had already left.

   b. He had already left [when] I arrived.

2) 従属節の主語

「は」と「が」の使い分けにおいて,「従属節の主語」が問題になりますが,これが問題になるのは, 主節と従属節の主語が異なる場合だけです。

例えば, **5** では従属節の主語は「雨が」, 主節の主語は「彼は」で両者は異なりますが, **6** では「が節」(従属節)の主語と主節の主語は「雨は」で共通です。こうした場合,「雨は」は主節の主語と考えます。

5 雨が降っていたのに, 彼は出かけた。

6 雨は小降りになったが, まだ降っている。

6 のように従属節の主語と主節の主語が共通の場合は, 単文の場合と同様に考えます。

3) 中立叙述と総記

久野 (1973) は,「は」に「主題」と「対比」,「が」に「中立叙述」と「総記」というそれぞれ 2 つの意味を認めています。

7 は：主題　　　例. この問題は難しい。

     対比　　　例. 彼は帰ったが, 彼女はまだいる。

  が：中立叙述　例. 雨が降っている。

     総記　　　例. この問題が難しい。

このうち,「は」と「が」の使い分けということで問題になるのは,「が」の 2 つの用法だけで,「は」の意味が主題か対比かについてはとりあえず考える必要はありません。それは,「は」の意味が主題か対比のいずれになるかは, 主題や対比の定義を含めて簡単には決められないものであり, どのような「は」にもある程度の対比性は含まれるからです。学習者にとって重要なのは,「は」がどちらの意味になるにせよ,「が」を使うべきでないところで

§10　本当は簡単！〜「は」と「が」(2)〜　　**89**

は「は」を使うということなのです[1]。

　一方，「が」には「〜だけが…」という意味の「総記」と，そうした意味を表さない「中立叙述」があり，この両者は明確に分ける必要があります。

　本セクションで扱う「は」と「が」に関する誤用には，❶のように，「が」を使うべきところで「は」を使う誤用と，❷のように，「は」を使うべきところで「が」を使う誤用がありますが，聞き手により強い違和感を与えるのは❷のタイプです。それは，このタイプの誤用は，総記で言うつもりがない／総記で言うのが不適切な場合に，総記の意味を表してしまうためです。それだけに，❷のタイプの誤用を防ぐことはより重要です。

■ 使い分けのフローチャート

　以上のことを踏まえて，「は」と「が」の使い分けのフローチャートを作ると次のようになります[2]。

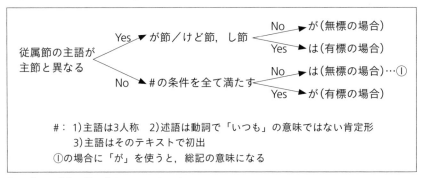

図1　「は」と「が」の使い分けのフローチャート

　以下，このフローチャートの見方とその意味について説明します。

1) 従属節の場合

　まず，従属節の場合です。なお，ここで問題とするのは，上述のように，主節と従属節の主語が異なる場合の従属節の主語の問題です。

1　次のように，「〜は」の部分にプロミネンスを置くと「対比」の解釈になります。
　・明日の会議に*私は*出席します。（斜字体はそこにプロミネンスが置かれることを表す）

2　**図1**に至るまでのいくつかのバージョンについては庵(2018)，Iori(2017)参照。

これは，**図1**の上半分に当たります。簡単に言うと，「が節／けど節[3]，し節」の中では「は」，それ以外の従属節の中では「が」ということです。この場合，普通(無標)の場合は「が」，特別(有標)の場合は「は」です。

2) 単文，主節の場合

次は，単文と主節の場合です。従属節と主節の主語が同じ場合はここに含まれます。

これは，**図1**の下半分に当たります。簡単に言うと，「#の条件を全て満たす」場合は「が」，それ以外の場合は「は」ということです。この場合，無標の場合は「は」，有標の場合は「が」です。これは，総記という特別な(強調的な)ニュアンスがない場合であり，総記のニュアンスがない普通の場合について言えば，大部分の場合は「は」になります。これが**図1**の①の場合ですが，この場合に「が」を使うと，その「が」は総記と解釈されます。

以上をまとめると，次のようになります。

> **8**a. 従属節では，普通「が」を使う
> b. 単文／主節では，普通「は」を使う
> c. bから「は」を使うべきときに「が」を使うと，その「が」は総記になる

実は，このまとめでもかなりの場合は扱えるのですが，これをもう少し細かくすると，次のようになります。

> **9**a1. 従属節では，普通「が」を使う(無標)
> a2. 「が」節／「けど」節，「し」節という特別の場合は，「は」を使う(有標)
> b1. 単文／主節では，普通「は」を使う(無標)
> b2. **図1**の#を全て満たす特別の場合は，「が」を使う(有標)
> c. b1(普通の場合)で「が」を使うと総記(特別な意味)になる
> (有標)

---

3 「けど節」には「〜けど，〜けれど，〜けれども」を含みます。

§10 本当は簡単！ 〜「は」と「が」(2)〜 **91**

この**9**はそれほど複雑ではありませんが，これで，「は」と「が」の使い分けのほとんどの場合をカバーできます[4]。言い換えると，**9**にしたがって「は」と「が」を使って，日本語母語話者が不自然と感じる場合はほとんどないということです[5]。

8と**9**をさらにまとめて言うと，次のようになります。

10a. 「が」は節の主語を表す
  b. 「は」は文の主語を表す

■ フローチャートの意味

ここでは**図1**のフローチャートの意味を簡単に説明します。なお，以下の内容は教師が理解しておけば十分で，学習者に説明する必要はありません。

1) 従属節の場合

従属節では普通(無標)の場合，「が」が使われます。つまり，<u>従属節の場合は，「が」を使って間違いになることはほとんどない</u>ということです。これは，**10**aにあるように，「が」が節の主語だからです[6]。

2) 単文，主節の場合

単文，主節では普通(無標)の場合，「は」が使われますが，これは，**10**bにあるように，「は」が文の主語であるためです。なお，「は」が文の主語であるということは，1)で見たように，「が」は従属節の主語で，従属節が文に近くなる(＝従属節の独立度が高くなる)につれて「は」が使われるようになる(注6参照)ということとも自然につながります。

次に，#の条件(**11**とします)について考えますが，これは中立叙述の「が」が使われる条件です。

4　**図1**は日本語学のこれまでの議論に照らしても妥当なものであると言えますが，これについては後述します。

5　なお，このことを定量的に，つまり，規則のカバー率として示すことは(少なくとも簡単には)できません。この点については庵(2016)を参照してください。

6　一方，「が／けど節」と「し節」では「は」が使われますが，これは，これらが南(1974, 1993)のC類従属節であり [⇒**第2部§1**]，C類は最も文に近いためです(庵 2012 参照)。

92　第1部　文法項目を導入するときに考えるべきこと

11 **a.** 主語が3人称
　　 b. 述語が動詞で「いつも」の意味ではない
　　 c. 主語がそのテキストで初出

　まず，**11**aについてですが，中立叙述の「が」は，現象描写文(仁田1991)で使われるもので，現象描写文は，「出来事を見たまま(五官で感じたまま)述べる」「過去の出来事を客観的に伝える」ときに使われます。そして，その主語は通常，3人称に限られます(仁田1991)。以上のことから，中立叙述の「が」が使えるためには主語は3人称でなければなりません。

　次に，**11**bですが，形容詞文や名詞文は通常，話し手の判断を表す判断文になるため(仁田1991)，中立叙述の「が」が使えるには述語は動詞でなければなりません。動詞でも，「いつも」の意味になる場合は，主語の属性を表す属性叙述文(益岡1987)になるので，「いつも」の意味ではないことが必要です。また，否定文では「は」が使われるので，肯定形でなければなりません。

　12　太郎は毎朝6時に {起きる／起きている}。

　最後に，**11**cですが，テキストの中で2回目以降に出てきた名詞(句)は「は」で表すのが普通です[7]。したがって，(中立叙述の)「が」が使えるためには，主語がテキストで初出であることが必要です。
　以上の条件を全て満たす主語は「が」で表されます。言い換えると，この場合以外は中立叙述の「が」は使えないので，(強調しない普通の場合は)「は」が使われるということです。
　これは非常に重要です。つまり，単文，主節の場合(＝従属節ではない場合)，強調しない普通の場合には，極めて例外的な場合を除いて「は」が使われるということであり，さらに言うと，単文，主節の場合は，「は」を使えばまず間違いになることはないということなのです。
　92ページの下線部とこの下線部の内容から，「は」と「が」は，「従属節なら「が」，単文，主節なら「は」を使えば，ほとんど間違いにはならないということになります。このように，「は」と「が」の使い分けは「本当はとても簡単」なのです。

───────────────
7　**11**cには反例があります。詳しくは庵(1997, 2017)を見てください。

§10　本当は簡単！〜「は」と「が」(2)〜　93

3)総記の「が」について

2)で見たように，単文，主節では基本的に「は」が使われるのですが，この「基本的に「は」が使われる」場合に「が」を使うと，その「が」は総記と解釈されます。例えば，⑬は主語が3人称ではありませんから，「は」が使われます。⑭のように，その条件を無視して「が」を使うと，その「が」は総記(＝他の人ではなく私が)の意味になります。

⑬　私はその会議に出席します。
⑭　私がその会議に出席します。

初級でまず注意すべきことは，強調するつもりがないのに⑭のような文を使ってしまうのを避けることです。上述のように，こうした誤用(②のタイプの誤用)は聞き手に不快感を与えることがよくあるからです。

一方，中級以降(正確な意味さえわかっていれば，初級でも)で考えるべきことは，総記(＝他の人／ものではなく～が)の意味を表したいときに正確に表せるようになることです。

この目的を達成するためには，総記の意味がふさわしい場面を提示して，学習者にその感覚をつかませることが重要です。

まず，疑問詞疑問文の答えの場合はその部分が焦点 [⇨§7] になるので，必ず(総記の)「が」になります。

⑮　A：だれがコップを割ったんですか？
　　B：私 {○が／×は} 割ったんです。

それ以外にも次のような場面があります。

⑯　課長：だれか来週の会議に出てくれないかな。参加者がいなくて困っているんだ。
　　田中：わかりました。私 {○が／?は} その会議に出席します。
⑰　日本語は決して難しくない。これ {○が／?は} 私の結論です。

⑯は会議の参加者がおらず困っている聞き手に対し，会議への参加を立候

補するという場合ですから、「他の人ではなく，私が」という総記の「が」が
自然です。

17は文章の最後の部分で，文章の結論を一言でまとめている場面です。そ
うすると，ここでも「他のことではなく，これが」という総記の述べ方が自
然ということになります。

このように，上のルール（**8 9**の a, b）に比べて，総記の「が」に関わる規
則はやや複雑ですが，教師側が**16 17**のような文脈を数多く用意して練習すれ
ば，決して難しくないはずです。少なくとも，ここの難しさには学習者の母
語の違いは全く関係ありません[8]。

なお，**16 17**のような総記の「が」の場合，「AがB（だ）。」と同じ内容を「B
（の）はAだ。」でも述べることができるのが普通です。

17' 日本語は決して難しくない。私の結論 ｛○は／×が｝これだ。

ただし，Bの部分が先行文脈で話題になっていない場合には「B（の）はA
だ。」が不自然になることがあります。**18**で「B（の）はAだ。」が不自然なの
は，課長の発言の段階では「会議に参加する」人がいないのに，その返答と
して「会議に参加する」人を主語にするのが唐突だからです。したがって，
19では「B（の）はAだ。」は自然です。

18　課長：だれか来週の会議に出てくれないかな。参加者がいなくて困っ
　　　　　　ているんだ。
　　　田中：わかりました。?会議に出席するのは私です。
19　課長：来週の会議に出席してくれるのはだれかな？
　　　田中：○会議に出席するのは私です／○私が会議に出席します。

---

8 「は」と「が」の使い分けについてよく言われることに，韓国語には「は」と「が」に当たる区別が
あるから，韓国語話者には「は」と「が」は易しいが，他の言語にはそうした区別がないので，他の言
語の母語話者には難しいというものがあります。しかし，**図1**のフローチャートにはこのような母語の
違いは全く関係ありません。したがって，「は」と「が」は<u>何語の話者にとっても</u>「とても簡単」なの
です。

§10　本当は簡単！～「は」と「が」(2)～　　95

導入のポイントを考える

　ここでは，**図1**の内容をどのように導入するかについて考えます。

■ 最低限の文法用語は導入する

　「は」と「が」の使い分けは**図1**が理解できることですから，**図1**に出てくる最低限の文法用語(従属節，主節，単文，3人称)については説明した上で使った方がよいでしょう。

■ 段階を追って練習する

　他のセクション同様，「は」と「が」の使い分けに関しても，段階を追って練習をすることが重要です。

　最初は，作例を中心とする練習で**図1**の内容を確認します。

　次に，**20****21**のようなやや複雑な例で，ルールの確認をします。

> **20**　私はマルクスが読んだドイツ語版のヒュームを調べて，探して読みました。　　　　　　　　　　　　　　　　(鷲田小弥太「考える力の冒険」)
>
> **21**　私が拝観が終った直後にこの大聖堂の屋根に苦労して登ってみたのは，より甘美な空気を呼吸したいという，ごく自然な生理的欲求に従ったまでのことだった。
> 　　　　(ヘンリー・ジェイムズ著／千葉雄一郎訳「郷愁のイタリア」)

　最後に，自由作文や，間違い探し(原文＝正解の「は」と「が」の一部を交換したものを見て，その間違いを指摘できるかを調べる)などの練習を行います。特に，自由作文は学習者の推敲能力を測るよい訓練になります。

より進んだ導入，研究のために

■ フローチャートは日本語学の知見と対応する

　このセクションの結論は**図1**ですが，これは日本語学の知見とも全く矛盾しないものです。例えば，従属節に関する結論は，南(1974, 1993)の従属節の階層性の議論に基本的に対応します(野田1996, 庵2012)。

さらに，主節，単文に関する結論のうち，中立叙述になるかどうかに関する部分は，「は」と「が」に関する**22**のような区別に対応し，総記に関する部分は，三上(1953)や西山(2003)の議論に対応します。

22 Kuroda (1972)「は」: categorical judgement
　　　　　　　　　　「が」: thetic judgement

　　尾上 (1973)　「は」: 結文の枠　　「が」: 文核

　　益岡 (1987)　「は」: 属性叙述文　「が」: 事象叙述文

　　仁田 (1991)　「は」: 判断文　　　「が」: 現象叙述文

■ **参考文献**

庵　功雄 (1997)「「は」と「が」の選択に関わる一要因」『国語学』188

庵　功雄 (2012)『新しい日本語学入門 (第2版)』スリーエーネットワーク

庵　功雄 (2016)「「産出のための文法」から見た「は」と「が」庵功雄・佐藤琢三・中俣尚己編『日本語文法研究のフロンティア』くろしお出版

庵　功雄 (2017)「限定詞「この」と「その」の機能差再考」森山卓郎・三宅知宏編『語彙論的統語論の新展開』くろしお出版

庵　功雄 (2018)「「は」と「が」の新しい捉え方についての一考察」『一橋日本語教育研究』6，ココ出版

尾上圭介 (1973)「文核と結文の枠」『言語研究』63

久野　暲 (1973)『日本文法研究』大修館書店

寺村秀夫 (1982)「日本語における単文・複文の認定問題」寺村秀夫 (1993)『寺村秀夫論文集Ⅰ』くろしお出版に再録

西山佑司 (2003)『日本語名詞句の意味論と語用論』ひつじ書房

仁田義雄 (1991)『日本語のモダリティと人称』ひつじ書房

野田尚史 (1985)『セルフマスターシリーズ1　はとが』くろしお出版

野田尚史 (1996)『新日本語文法選書1　「は」と「が」』くろしお出版

益岡隆志 (1987)『命題の文法』くろしお出版

三上　章 (1953)『現代語法序説』くろしお出版より復刊(1972)

Iori, Isao (2017) "A brief survey of functional differences between the "topic" marker *wa* and the "subject" marker *ga* in modern Japanese", *Hitotsubashi Journal of Arts and Sciences*, 58-1, 一橋大学

Kuroda, S.-Y. (1972) "The categorical and the thetic judgement," *Foundations of Language*, 9-2

第2部　用語編

1 言語の単位と文の種類

第2部では，文法を中心に，言語および言語分析に必要な用語や概念について簡単に解説します。

言語記号の特徴

言語(ことば)の原初的機能はコミュニケーションにあり，この意味で，ヒト以外にも多くの動物が言語を持っていると考えられます。

言語であるためには❶を満たす，すなわち，文が語から構成されることが必要です。

❶　メッセージ⇌文⇌語

ただし，これだけでは表せる語の数が(大きく)制限されます(庵 2012)。ヒトの言語の特徴は，❷のように，意味を持つ単位である語が意味を持たない音素から構成されている点にあります。

文が語に，語が音素に分けられることを**分節**と言います。ヒトのことばには2段階の分節があり，これを**二重文節**と言いますが，この二重文節がヒトの言語の最大の特徴であると考えられています。

音声言語において，言語記号は音声形式と指示対象が結びついたものとして存在しています[1]。この音声形式を**シニフィアン**(signifiant。能記)，指示対象

1　手話においては，音声形式の代わりに手形(しゅけい)が用いられます。

をシニフィエ(signifié。所記)と言います[2]。

ソシュール(Saussure, F.)は，言語記号の特徴として，シニフィアンとシニフィエの関係が恣意的である(＝結びつきに必然性がない)ことを挙げています。これを**言語(記号)の恣意性**と言います。例えば，日本語で「イヌ」と呼ぶ対象を「イヌ」と呼ばなければならない必然性はありません(実際，言語ごとにこの動物の呼び名は大きく異なります)。この意味で，言語の恣意性は言語が多様であることを保証しています[3]。

言語は発生においては恣意性を持っていますが，その状態のままだとコミュニケーションができないため(みんなが好き勝手に同じ対象を「イヌ」「ネコ」「ネズミ」などと呼んでいる状態を考えてみてください)，ある時点以降は個人の力では変えられなくなります。これを**言語の社会性**と言いますが，これは，言語が均質であることを保証しています[4]。

言語の単位

上で，メッセージがどのように分節されるかについて述べましたが，実は，これはもう少し細かく分かれています。ここでは，**3**の文以下の部分について説明します。

> **3**　メッセージ⇄文⇄節⇄句⇄語⇄形態素⇄音素

まず，意味の違いに関連する最も小さい単位を**音素**(phoneme)と言います。例えば，**4**aと**4**bからわかるように，日本語では [k] 音と [g] 音を入れ替えると意味が変わります(**4**aと**4**bのように，他の部分が同じで，ある1箇所だけ異なり，それによって意味や文法性の違いが生じる対を**最小対立対**(minimal pair)と言います)。このことから，[k] 音と [g] 音は日本語では音素で

2　「能記」「所記」は Saussure(1916) の小林訳によるものですが，なじみのない語なので，それぞれ「指すもの」「指されるもの」とした方がわかりやすいと言えます(庵2012)。

3　言語の恣意性は名づけにおいてのみ見られるわけではありません。ある言語で音素として区別される2つの音が他の言語では異音になること(**4**に関する説明参照)や，日本語では「兄」と「弟」を常に区別するのに英語では "brother" だけで済ませるなど，言語の多くの局面に恣意性は存在すると言えます。

4　言語は個人の力では変えられませんが，時間の経過とともに徐々に変わっていきます。これを**言語変化**と言いますが，言語変化の要因の1つに「体系への指向性」があります(詳しくは，井上1998, 庵2012などを参照)。

§1　言語の単位と文の種類　**101**

あることがわかります。音素は / / で示します。なお，音素はそれ自体は意味を持ちません(/k/や/g/に意味があるわけではありません)。ヒトの言語の特徴は，意味を持たない音素が集まって，意味を持つ語(厳密には形態素)を作っている点にあります。

4a. <u>ka</u>が飛んでいる。(蚊)
   b. <u>ga</u>が飛んでいる。(蛾)
   c. <u>k'a</u>が飛んでいる。

　一方，**4**aと**4**cからわかるように，日本語では[k]音と[k']音('は息が強く出ることを表す)は意味の違いをもたらしません。言い換えると，日本語母語話者は[k]音と[k']音をともに[k]音と認識しています。こうした音を同じ音素(この場合は/k/)の**異音**(allophone)と言います[5]。

　これに対し，中国語(北京方言)や韓国語(ソウル方言)では，[k]音と[g]音の違いは意味の違いをもたらさず，[k]音と[k']音の違いは意味の違いをもたらします。例えば，中国語では「干(gàn)(仕事などをする)」(発音は[kan])と「看(kàn)(見る)」(発音は[k'an])は別の語になる一方で，[k]音と[g]音の違いは意味の違いをもたらしません。言い換えると，[k]音と[g]音は同じ音と認識されています。つまり，中国語や韓国語では，/k/と/k'/は音素であるのに対し，[k]音と[g]音は異音です。

　音素は物理的な存在ではなく，母語話者の頭の中に存在する抽象的な単位であるのに対し，異音は物理的に測定可能な具体的な存在です。ソシュールは，音素のように母語話者の頭の中にある(＝頭の中にしか存在しない)抽象的な存在を**ラング**(langue)，異音のようなラングの具体的な実現形態を**パロール**(parole)と呼んでいます。

　[k]音のように声帯の振動をともなわない音を**無声音**，[g]音のように声帯の振動をともなう音を**有声音**と言います[6]。一方，[k]音は息が(強く)出ないと

5　「3倍(さんばい)」「3台(さんだい)」「3回(さんかい)」の「ん」の部分は，実際はそれぞれ[m][n][ŋ]ですが，日本語母語話者はそれを同じ「ん」と聞いています。「ん」は/N/で表される音素(撥音)ですが，実際にはその異音である[m][n][ŋ]音のいずれかで実現します。なお，「ん」(撥音)，「っ」(促音。/Q/で表す)と長音(/:/で表す)を合わせて特殊拍と言いますが，特殊拍は日本語の発音の中で難しいものとされています。

6　無声音と有声音の区別は，日本語ではほぼ清音と濁音の違いに相当します。ただし，有声音である[b]音(濁音＝バ行)に対応する無声音[p]音は半濁音(パ行)であり，清音(ハ行)ではありません。

102　第2部　用語編

いう意味で**無気音**でもあります。これに対し，[k']音は息が強く出るので**有気音**と言います。

　一般に，母語で異音である2つの音が目標言語で音素である場合には習得が難しくなります。例えば，中国語話者や韓国語話者にとって，日本語の無声－有声(≒清音－濁音)の区別は難しく，逆に，日本語話者にとって，無気－有気の区別は難しいことが知られています。

　音素が意味を持たない最小単位であるのに対し，意味を持つ最小単位を**形態素**(morpheme)と言います。例えば，**5**aの「中国人」は意味的に「中国＋人」に分けられます。この「中国」「人(じん)」が形態素です。

　5bと**5**cからわかるように，形態素には，そのままで語として使える**独立形態素**(free morpheme)と単独では語として使えない**拘束形態素**(bound morpheme)があります。なお，**5**dからわかるように，「人(ひと)」は独立形態素です。形態素は{ }で囲んで示します。

> **5**a.　昨日，公園で中国人(じん)に会った。
> 　b.○去年，中国に行った。
> 　c.×昨日，公園で人(じん)に会った。
> 　d.○昨日，公園で人(ひと)に会った。

　ここで，「傘(かさ)」という(独立)形態素について考えると，**6**aのように，「傘」が単独で，あるいは，複合語の前要素として使われる場合は「かさ」であるのに対し，**6**bのように，「傘」が複合語の後要素になる場合は「がさ」と発音されます。この[kasa]と[gasa]を形態素{kasa}の**異形態**(allomorph)と言います[7]。

> **6**a.　傘(かさ)をさす／傘(かさ)立て
> 　b.　日傘(がさ)／雨傘(がさ)

　形態素が1つまたはそれ以上結びついて独立で使えるようになったものを**語**(word)と言います。

7　英語の過去を表す形態素{-ed}は，[-d](例. played)，[-t](例. liked)，[-id](例. studied)と発音されますが，この[-d][-t][-id]は形態素{-ed}の異形態です。

§1　言語の単位と文の種類　**103**

7a. 中国，人^{ひと}

   b. 面白さ，単純化

   c. 中国人，読み直す

　7aのように，形態素が1つで語となっているものを**単純語**，そうでない
ものを**合成語**，合成語のうち，**7**bのように，形態素に派生接辞がついたも
のを**派生語**，**7**cのようなそれ以外の合成語を**複合語**と言います。
　2語以上が結びついたのが**句**(phrase)または**節**(clause)です。

8a.　　　山が見える。

   b.　高い山が見える。

　8aの「山」と**8**bの「高い山」は文法的には同じ働きをしています。言
い換えると，「高い山」は「名詞の働きを持った名詞より大きな単位」である
と言えます。この「高い山」のようなものを**名詞句**と言います。同様に，
「ゆっくり歩いた」は**動詞句**です。

9a.　駅まで　　　　歩いた。

   b.　駅までゆっくり歩いた。

　ここで，「高い山」が名詞句であるのは，「山」が名詞であるからです。**8**
の「山」や**9**の「歩く」のように，その句や節を特徴付ける要素を**主要部**
(head)，それ以外の要素を**修飾部**(modifier)と言います。このとき，**10**b**10**c
からわかるように，修飾部を省略しても文法的に成り立つのに対し，主要部
を省略すると文法的に成り立たなくなります。

10a.　高い山が見える。　　　　　　　　　　　　　　　　　(＝**8**b)

   b.○高い山が見える。

   c.×高い出が見える。

　名詞や動詞の場合は問題になるのは句だけですが，副詞の場合は，句か節
かの境界が難しいところがあります。

104　第2部　用語編

11 a. 男の子が<u>ゆっくり</u>　　　　歩いている。

　　b. 男の子が<u>手を振りながら</u>　　歩いている。

　　c. 男の子が<u>雨が降っているのに</u>歩いている。

　11a**11**b**11**cの下線部はいずれも「歩く」を修飾しているので機能的には副詞に相当します。このうち，**11**bと**11**cのように述語の変化形を含むものについては句か節かを明確に区別することは難しいと言えます。これは単文と複文の区別の問題につながりますが，この点は後述します。

　形容詞に関しては名詞を修飾する機能が重要です。

12 a. <u>古い</u>　　　　　　　本

　　b. <u>先日友人からもらった</u>本

　12aと**12**bの下線部は「本」を修飾するという意味で同じ機能を果たしています。**12**bのように名詞を修飾する節を連体修飾節（連体節）または名詞修飾節と言います [⇨§3]。

単文と複文

　上記のように，日本語では，副詞に相当する成分では句か節かがはっきりしませんが，英語ではこの点が明確に区別されています。

13 a. John <u>entered</u> the room singing a song.

　　b. John <u>was</u> singing a song when he <u>entered</u> the room.

　13aと**13**bはほぼ同じ意味を表していますが，**13**aには定形動詞（finite verb）が 1 つ（entered）しか含まれていないので**単文**（singing は不定形動詞（non-finite verb）です），**13**bには定形動詞が 2 つ（was, entered）含まれているので**複文**です[8]。

　日本語では，動詞の形態上，こうした意味の定形動詞と不定形動詞の区別

8　英文法では単文，複文以外に等位接続詞（and, but など）でつながれた文（重文）を区別しますが，日本語では複文と重文の区別は不要で，ともに複文と考えてかまいません。

§1　言語の単位と文の種類　105

が難しいため，単文と複文の区別が難しくなっています(寺村 1982)。

句か節かの区別はひとまず置いて，動詞の変化形を含み，修飾部となる要素を**従属節**(subordinate clause)，主要部となる要素を**主節**(main clause)と言います。(倒置と解釈されない)基本語順では従属節は必ず主節に先行します。

南不二男は，従属節の内部にどのような文法カテゴリー［⇨§3］を含めるかという観点から従属節を次の4段階に分類しました(南 1974, 1993)。

⑭a. **A類**(従属節)：ナガラ節，ズニ節，テ節，連用中止節[9]など
  b. **B類**(従属節)：バ節，タラ節，ナラ節，ト節，ノニ節，カラ節，
                  ノデ節[10]など
  c. **C類**(従属節)：ケド節／ガ節，シ節など
  d. **D類**(従属節)：ト節(直接引用)

この南(1974, 1993)の分類を南モデルと呼ぶことがあります。南モデルは日本語の構造を**階層構造**と考えるときの最も有力な見方です。

南モデルにはいくつかの解釈がありますが，その1つに，日本語の従属節はA類→D類の順に段階的に文に近づくというものがあります。この考え方では，A類→D類の順に**従属節の独立度**が高くなるという言い方をします。

文と談話・テキスト

句／節より大きな単位が**文**です。文の分け方はいくつかありますが，中でも重要なのは，述語の種類による**動詞文**，**形容詞文**，**名詞文**の区別です。

この区別と完全に一致するわけではありませんが，動詞文と形容詞文＋名詞文という対立にほぼ対応する分け方に次のようなものがあります。

⑮a. 現象描写文－判断文　　　(仁田 1991)
  b. 物語り文－品定め文　　　(佐久間 1941)
  c. 事象叙述文－属性叙述文　(益岡 1987)

9　テ節と連用中止節にはA類〜C類それぞれの用法があります(詳しくは庵 2012参照)。

10　カラ節，ノデ節にはC類の用法もあるという考え方もあります(田窪 1987)。

106　第2部　用語編

これらの区別は，動詞文は1回的な出来事を述べるのに使うのを基本とするのに対し，形容詞文や名詞文は人やものの状態や属性を述べるのに使うのを基本とするという考え方に対応しています[11]。

　文より大きな単位は**談話**(discourse)，**テキスト**(text[12])などと呼ばれます。英語のdiscourseは話しことばと書きことばをともに含む概念として使われますが，日本語の「談話」は話しことばについて主に用いられます。書きことばのみを扱う場合は**文章**もよく使われます。

　テキストは「意味的にまとまりをなす単位」を指すもので(Halliday & Hasan 1976)，1文から小説全体のようなものまでがその射程に入ります。話しことばも書きことばも対象となります。

助詞，助動詞と関連概念

　『1』の第2部§1では主な品詞について述べましたが，助詞と助動詞についてはほとんど触れていませんでしたので，ここで触れておきます。

　助詞と助動詞はともに単独で語となることはない拘束形態素であり，付属語です[13]。このうち，助詞は活用しないもの，助動詞は活用するものです。

　助詞には表層格 [⇨§2] を表す格助詞，名詞の並立を表す並立助詞，名詞の代用をする準体助詞，話し手の捉え方を表すとりたて助詞があります。

　このうち，格助詞は次のセクションで扱い，とりたて助詞は**第1部§1**で扱ったので，ここでは並立助詞と準体助詞について見ます。

　　16　太郎が次郎と私の家に来た。(「と」は格助詞)
　　17　太郎と次郎が私の家に来た。(「と」は並立助詞)

11　これはあくまで典型的な場合についてであり，次のようにこの逆になる場合もあります。
　　・太郎は毎朝6時に起きる。(動詞文だが属性叙述文)
　　・(山で川の水に触れた瞬間)あっ，水が冷たい！(形容詞文だが事象叙述文)

12　Textの日本語表記としては「テクスト」の方がよく用いられますが，本書では「テキスト」を用います。

13　助詞と助動詞は単独で使われることがないため，これらを「語」ではなく「形態素」であると考える立場もあります(鈴木1972,仁田1997)。

§1　言語の単位と文の種類　107

⑯　太郎が次郎と私の家に来た。(格助詞の「と」)

⑰　太郎と次郎が私の家に来た。(並立助詞の「と」)

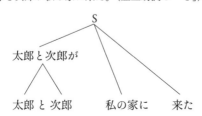

図1　格助詞と並立助詞

⑯の「と」は格助詞で，述語「来る」に直接係り(「係る」というのは意味を限定することです)，「共同行為」といった深層格[⇨§2]を表しています。一方，⑰の「と」は**並立助詞**で，述語とは直接関係を結んでいません。

準体助詞は名詞の代わりに使われるもので，⑱のように，名詞を繰り返す代わりに使われます。

⑱　赤いマグネットはないんですが，黒いのはあります。

助詞にはこの他に，接続助詞と終助詞があります。

接続助詞は，活用語の後について従属節の意味を決める働きを持ちます。「と，から，けど」のように，終止形(または，連体形)につく場合は問題ありませんが，「て，ば，たら」のように，それ以外の形につくものの場合は，これらがついた形を1つの活用形と考えるべきかが問題になります。

現行の日本語教科書における活用形の立て方は**表1**のようなものが一般的ですが，それは学校文法の分け方とは異なります。

表1 学校文法と日本語教育における活用形

	学校文法	日本語教育
読んで	連用形＋で	テ形
読めば	仮定形＋ば	バ形
読んだら	連用形＋たら	タラ形

こうした意味で，接続助詞を認めるかどうかは活用をどのように考えるかという問題と密接に関連しています。

終助詞は，文末について，話し手の気持ち（主に対人的モダリティ [⇨§3]）を表します。

助動詞は活用する付属語です。助動詞を語として認める立場を取る場合，接続助詞の場合と同じく，活用をどのように考えるかという問題が生じます。例えば，「読まれる」は「ナイ形語幹＋れる」と扱うことが多いですが，単独で使える形だけを活用表に載せるべきだと考えると，「読まれる」を「受身形」のような形で1つの活用形として扱うべきだということになります(庵2012)。ただし，そうすると活用形が非常に多くなります。

なお，寺村(1984)以降，「かもしれない，にちがいない，はずだ」などのモダリティ(寺村の用語では「ムード」)を表す形式を「助動詞」と呼ぶことが多いですが，これらは品詞的には「れる，せる」などとは質が異なるので注意が必要です。

助動詞と似た働きをするものに**補助動詞**があります。例えば，「ている，てある，てみる」が補助動詞です。補助動詞と対になる概念が**本動詞**です。「いる」を例に，本動詞と補助動詞の違いを説明します。

⑲a. 公園に子どもが {○いる／×ある}。（「いる」は本動詞）
　b. 机の上に財布が {×いる／○ある}。

「いる」が本動詞として使われる場合，主語は有情物，すなわち，人か動物でなければなりません。「いる」が⑲aでは適格で，⑲bでは不適格になるのはそのためです。これを主語に対する**選択制限**と言います。

これに対し，⑳a⑳bはともに「いる」が「ている」の形で補助動詞として使われている例です。この例からわかるように，「ている」になると，「い

る」のときにあった主語に対する選択制限がなくなります。

⑳a. ○公園で子どもが遊んでいる。（「ている」は補助動詞）
  b. ○あそこに財布が落ちている。（「ている」は補助動詞）

このように，もともと独立語だったものが文法的意味を表す形式に変化することを**文法化**と言います。
このセクションの内容について詳しくは庵(2012)を見てください。

■ **参考文献**

庵　功雄（2012）『新しい日本語学入門（第2版）』スリーエーネットワーク

井上史雄（1998）『日本語ウォッチング』岩波新書

佐久間鼎（1941）『日本語の特質』くろしお出版から再版（1995）

柴谷方良（1978）「日本語は特殊な言語か」『月刊言語』10-12，大修館書店

鈴木重幸（1972）『日本語文法・形態論』むぎ書房

田窪行則（1987）「統語構造と文脈情報」田窪行則（2010）『日本語の構造』くろしお出版に再録

角田太作（2009）『世界の言語と日本語（改訂版）』くろしお出版

寺村秀夫（1982）「日本語における単文・複文の認定問題」寺村秀夫（1992）『寺村秀夫論文集I』くろしお出版に再録

寺村秀夫（1984）『日本語のシンタクスと意味II』くろしお出版

仁田義雄（1991）『日本語のモダリティと人称』ひつじ書房

仁田義雄（1997）『日本語文法研究序説』くろしお出版

益岡隆志（1987）『命題の文法』くろしお出版

南不二男（1974）『現代日本語の構造』大修館書店

南不二男（1993）『現代日本語文法の輪郭』大修館書店

Halliday, M.A.K. & R. Hasan (1976) *Cohesion in English*. Longman.

de Saussure, F. (1916) *Cours de linguistique générale*.（小林英夫訳（1972）『一般言語学講義』岩波書店）

2 格とその関連概念

このセクションでは，述語に対して名詞句が担う関係である「格」とその
関連概念について述べます。

格とその表し方

日本語で述語になることができるのは，動詞，形容詞，「名詞＋だ」です
[⇒『1』第2部§1]。このセクションでは，このうち動詞について考えます。

1 太郎が　昨日φ　喫茶店で　花子と　コーヒーを　飲んだそうだよ

     A   B   C   D   E

 動作主　時間　　場所　共同行為者　対象　……①

1にはA～Eの5つの名詞句があり，それぞれが述語である「飲む」に係っ
ています。A～Eの意味の限定の仕方は上のようなもので，「太郎が」は動作
をする人(動作主)，「昨日」は時間，「喫茶店で」は場所，「花子と」はともに
行為をする人(共同行為者)，「コーヒーを」は動作が向かう先(対象)を表して
います。名詞句が述語の意味を限定する①で表すような関係を**格**(case)と言
います。

格には，動作主などのような意味から捉えたものと，「～が」などのような
形から捉えたものがあります。このうち，意味から捉えたものを**深層格**(deep
case)，形から捉えたものを**表層格**(surface case)と言います[1]。

深層格には，動作主，経験者(太郎が(頭痛で苦しむ))，対象，相手(太郎に
(本を貸す)，敵と(戦う))，手段(ナイフで(切る))，原因(地震で(家を失
う))，場所，行き先(東京に／へ(行く))，出どころ(東京から(来る))，通過

1　表層格，深層格はフィルモア(Fillmore 1968)が提唱した**格文法**(case grammar)において導入された概
念で，深層格は**意味役割**と呼ばれることもあります。

§2　格とその関連概念　111

域(川を(渡る)),時間,共同行為者などがあります。

日本語の場合,■からわかるように,表層格は助詞で表されます。こうした格を表す助詞を**格助詞**と言います。

日本語の表層格は格助詞をつけて「ガ格,ヲ格,ニ格,デ格」などと表すのが一般的です(■の「昨日」は格助詞がついていないことに意味があるので,「ゼロ格」と呼びます)。

なお,他の言語と比べる際に「英語のガ格」などと言うのは不自然なので,ガ格,ヲ格,ニ格(相手)については,それぞれ主格(nominative),対格(accusative),与格(dative)という用語を使うこともあります。

深層格は言語の違いによらず共通のものと考えられますが,それをどのような形で表すかは言語によってかなり異なります。

2a.　あの男性があの女性を愛している。　　　（日本語）

　b.　Этот человек любит эту женщину.　　（ロシア語）

　c1. That men loves that woman.　　　　（英語）

　c2. 那个男人爱那个女人。　　　　　　　（中国語）

3a.　あの女性があの男性を愛している。　　　（日本語）

　b.　Эта женщина любит этого человека.　（ロシア語）

　c1. That women loves that man.　　　　（英語）

　c2. 那个女人爱那个男人。　　　　　　　（中国語）

2と**3**はそれぞれのaの文をロシア語,中国語,英語に訳したものです。これを見ると,日本語では動作主は「が」,対象は「を」で表されているのに対し,ロシア語では次のようになっています。

4　あの男性が　　этот человек　　　（男性名詞・主格）

　　あの男性を　　этого человека　　（男性名詞・対格）

　　あの女性が　　эта женщина　　　（女性名詞・主格）

　　あの女性を　　эту женщину　　　（女性名詞・対格）

つまり,日本語の主格(ガ格)は,ロシア語では男性名詞の場合は「-φ」,女性名詞の場合は「-a」で表される一方,日本語の対格(ヲ格)は,ロシア語

では男性名詞の場合は「-a」，女性名詞の場合は「-y」で表されます(それに合わせて名詞の前につく指示詞も形が変わります)。

これに対し，英語と中国語では一般の名詞の場合は，主格(ガ格)と対格(ヲ格)は形は変わらず，動詞の前に来る(主格)か後ろに来る(対格)かで区別されます。つまり，主格か対格かは語順で表されています。

2'c1. He loves her. (英語・代名詞の場合)
　c2.　他爱她。　　　(中国語・代名詞の場合)
3'c1. She loves him. (英語・代名詞の場合)
　c2.　她爱他。　　　(中国語・代名詞の場合)

このように，英語と中国語は似ていますが，代名詞の場合は差が見られます。つまり，英語では代名詞の場合はロシア語と同じく，主格と対格で形が変わるのに対し，中国語では代名詞の場合も表層格は語順で表されます。

日本語のように，独立性の高い助詞で表層格が表される言語を**膠着語**，ロシア語のように，語尾変化で表層格が表される言語を**屈折語**，中国語のように，表層格を表す文法的手段を持たない言語を**孤立語**と言います。英語は屈折語とされますが，孤立語的な性格が強くなっています。

ただし，こうした類型化は必ずしもその言語全般に当てはまるわけではありません。例えば，日本語でも話しことばでは**5**のように格助詞が省略されることが多く，その場合は，中国語や(代名詞ではない場合の)英語と同様に，表層格は語順で決まります。

5a.　太郎φあの子φ愛しているみたいだよ。　　　　　(cf. **2**a)
　b.　あの子φ太郎φ愛しているみたいだよ。　　　　　(cf. **3**a)

また，英語や中国語でも主格，対格以外は前置詞(中国語文法では介詞と呼ばれます)で表されるのが普通であり，その点では日本語と同様(ただし，日本語とは「助詞」の位置が逆になる)になります。

6a.　太郎は横浜に住んでいる。
　b.　Taro lives in Yokohama.

§2　格とその関連概念　113

c. 太郎住在横浜。

日本語の場合，表層格と深層格は「ガ格－動作主，ヲ格－対象」のように対応するのが普通ですが，自他の対応がある場合は，この関係がずれ，自動詞のガ格は対象を表します。

7a. 太郎が　コップを　割った。（他動詞）
　　　　 動作主　　対象

b. 　　　　　コップが　割れた。（自動詞）
　　　　　　　　　 対象

8 太郎が［コップが割れる］（ようにした）

これは，**7**a（のような自他の対応を持つ他動詞）の意味が**8**のようなものであるためです［⇒第1部§5］。

補語と格枠組み

格と関係が深い概念に補語があります。

上で，**1**には5つの名詞句があり，それぞれが述語「飲む」に係っていることを見ました。

1 太郎が昨日喫茶店で花子とコーヒーを飲んだそうだよ。

1の各名詞句のように，述語と格関係を持つものをその述語の**補語**と言います[2]。

ここで，話し始めの文だとして，次の会話を考えてみてください。

9 A：　（φが）昨日喫茶店で花子とコーヒーを飲んだそうだよ。
　　 B1：? へー，そうんだ。

2　学校英文法では，（ア）の下線部のように，主語または目的語と同じものを指すものだけを補語と呼びますが，日本語学ではそのような限定はしません。
　（ア）a. John is a student.　　（John＝a student。a student は補語）
　　　　b. He made John a doctor.　（John＝a doctor。a doctor は補語）

114　第2部　用語編

B2：○えっ，誰が？

⓾ A：　太郎が昨日（φで）花子とコーヒーを飲んだそうだよ。

B1：○へー，そうなんだ。

B2：○えっ，どこで？

そうすると，❶から「太郎が」を削除した❾Aを聞くと，❾B2のように反応してしまうのに対し，❶から「喫茶店で」を削除した⓾Aを聞いたときは⓾B1のように反応して，場所を問題にしないことも可能であることがわかります[3]。

ここで，「**話し始め**（discourse initial）**の文**」というのが重要です。例えば，次のような会話では❾Aは問題なく使えます。

⓫ A：最近，太郎に会った？

B：うん。（φが）昨日喫茶店で花子とコーヒーを飲んだそうだよ。

（＝❾A）

A：○へー，そうなんだ。

これは，日本語では文脈上わかっている要素は原則として言わなくてもよいためです（久野 1978）[4]。

さて，❾⓾から，補語の中に，聞き手に情報がない「話し始めの文」において，省略できない（＝省略すると文の意味がわからなくなる）ものと，省略できる（＝省略しても文の意味はわかる）ものがあることがわかります。❾⓾と同様に考えると，次のようになります。

⓬a.　省略できない補語：ガ格，ヲ格

b.　省略できる補語　：ゼロ格，デ格，ト格

3　もちろん，⓾B2のように場所を問題とすることも可能ですが，❾と違って，必ずそうなるというわけではありません。

4　久野（1978）その他多くの文献ではこの現象を「省略」と呼んでいますが，これは適切ではなく，むしろ，文脈上わかっている（recoverable）要素は言語化されないのが無標で，何らかの意味で必要な場合に言語化される（顕現する）と考えるべきです。この点について詳しくは庵（2019近刊）を参照してください。

§2　格とその関連概念　**115**

■aのように省略できない補語を**必須補語**（または，**項**）と言い，■bのように省略できる補語を**副次補語**と言います。

（形容詞，「名詞＋だ」を含む）全ての述語は必須補語を持っていますが，その述語が取る必須補語のリストを**格枠組み**（case frame）と言います。例えば，「飲む」の格枠組みは＜ガ，ヲ＞です⁵。

同じ動詞でも格枠組みが異なると意味が異なります。例えば，「見る」は＜ガ，ヲ＞の格枠組みのときは物理的に「見る」ことを表しますが，＜ガ，ヲ，ト＞の格枠組みのときは「考える，見なす」に近い意味になります。

■ 太郎がテレビを見ている。＜ガ，ヲ＞
■ 太郎が彼を犯人だと見ている。＜ガ，ヲ，ト＞

このように，述語（特に，動詞）と必須補語の結びつきのパターンは重要ですが，これを研究する分野を**連語論**と言います⁶。

■ 参考文献

庵　功雄（2012）『新しい日本語学入門（第2版）』スリーエーネットワーク
庵　功雄（2019予定）『日本語指示表現の文脈指示用法の研究』ひつじ書房
奥田靖雄（1985）『ことばの研究・序説』むぎ書房
久野　暲（1978）『談話の文法』大修館書店
言語学研究会編（1983）『日本語文法・連語論（資料編）』むぎ書房
Fillmore, C. (1968) "The Case for Case," in Bach, E. and Harms, R.T. (Eds.) *Universals in Linguistic Theory.*（田中春美・船城道雄訳（1975）『格文法の原理』三省堂）

5　格枠組みが持つ重要な機能については庵（2012）を参照してください。

6　連語論は言語学研究会によって研究されてきました（言語学研究会 1983, 奥田 1985ほか）。なお，連語論では，格枠組みのうちガ格は連語の要素として認めていません。

3 文法カテゴリーと複文

　このセクションでは，文の構造に関わる概念である文法カテゴリーと複文の種類について概観します。

文法カテゴリー

　次の文を考えてみましょう。

1 a. ×昨日は<u>寒い</u>。
　　b. ○昨日は<u>寒かった</u>。
2　　昨天　　很冷。
　　　　昨日　　寒い

　1の日本語では過去を表す「た」を使わない b 文は非文になります[1]。しかし，意味的に考えれば，「昨日」という過去を表す要素があれば，わざわざ過去であるということを表さなくても問題はないと考えられます。実際，**1**a に形式上対応する中国語文**2**は中国語として文法的です。

　このように，日本語では，意味的に自明であっても，過去であることを文法的に表す必要があります。こうしたその言語において文法的に必ず表さなければならない意味を**文法カテゴリー**と言います。今の場合で言えば，テンス(時制)は日本語では文法カテゴリーであるものの，中国語では文法カテゴリーではないということになります。

　もう 1 つ例を挙げましょう。

3　　机の上に<u>リンゴ</u>がある。

1　文法的に正しい文を**文法的**な (grammatical) 文，文法的に正しくない文を**非文法的**な (ungrammatical) 文または**非文**と言います。また，文法的に正しいかどうかの判断を**文法性判断**(grammatical judgement) と言います [⇒『1』第3部§2]。

§3　文法カテゴリーと複文　117

この文はこのままでは英語(を初めとする多くのヨーロッパ言語)には翻訳できません。それは，「リンゴ」が単数か複数かが不明だからです。つまり，英語(を初めとする多くのヨーロッパ言語)では**4**aか**4**bかを決めなければなりません。これは，英語などにおいて名詞の数(number)が文法カテゴリーであるのに対し，日本語ではそうではないためです。

4a. There is <u>an apple</u> on the table.
   b. There are <u>some apples</u> on the table.

このセクションでは，述語に関わる文法カテゴリーを見ていきます。次の文を考えてみましょう。

5　彼は女性に<u>追いかけられていなかったようだよ</u>。

この文の述語は次のような形態素の連鎖で作られています。

6　追いかけ- られ- てい- なかっ-た- ようだ- よ
　　語幹　　　ボイス　アスペクト　肯否　テンス　対事的モダリティ 対人的モダリティ

これらはそれぞれ，下に書いた文法カテゴリーを表しています。ここで，日本語の構造を考える上で重要なことは，これらの文法カテゴリーの順序は基本的に変えられないということです。これを**階層構造**と言います(階層構造について詳しくは，野田(2002)，Iori(2017)を参照してください)。

文の構造

文法カテゴリーの説明に入る前に，日本語の文の構造について簡単に見ておきます。次の文を考えてみましょう。

7　明日雨が降るようだね。

この文は大きく2つの部分に分けることができます。

118　第2部　用語編

8 a. 明日雨が降る
　b. ようだね

8aは7文の客観的な内容を表しています。一方，8bは8aの内容に対する話し手の捉え方を表しています。
　8aのような文の客観的な内容を表す部分を**命題**（proposition），8bのような命題内容に対する話し手の捉え方を表す部分を**モダリティ**（modality）と言います[2]。
　ここで，8bはさらに2つの部分に分けられます。

9 a. ようだ
　b. ね

9aは命題内容に対する話し手の捉え方を表すのに対し，9bは聞き手に対する働きかけを表しています。9aのようなモダリティを**対事的モダリティ**，9のようなモダリティを**対人的モダリティ**と言います。
　さて，7〜9からわかるように，日本語の文は次のような構造を持っています。

図1　日本語の文の構造

　このように，日本語の文の構造は，命題をモダリティが外側から包み込む形になっています。
　次節では，命題とモダリティ，それぞれに属する文法カテゴリーについて見ていきます。

---

[2] 三上章および三上の考え方を（この点においては）引き継いだ寺村秀夫は命題とモダリティをそれぞれ，コトとムードと呼びました。1980年代の初期の日本語学の文献では，現在の命題とモダリティの意味でコトとムードが使われているので注意してください。

命題に属するもの

命題に属する文法カテゴリーには次のようなものがあります。

■ **ボイス(ヴォイス)**

ボイス(voice)は話し手と出来事の関係を表すもので,受身(直接受身,間接受身,中間的な受身)[3]と使役が含まれます [⇨第1部§2, 3, 4]。

ボイスの観点から動詞を分類すると次のようになります(cf. 三上 1953)[4]。

> ⑩a.　他動詞　　　　:間接受身に加え,直接受身にもなれる
> 　b.　意志的自動詞　:間接受身にしかなれない
> 　c.　非意志的自動詞:間接受身にもなれない

ボイスを「格の交替」や「埋め込み構造の存在」から考える立場もあり,この考え方では以下もボイスに含まれます(井上 1976, 寺村 1982など)。

> ⑪　太郎はフランス語が話せる。(←フランス語を話す)　(可能)
> ⑫　昔のことが思い出される。(←昔のことを思い出す)　(自発)
> ⑬　この本が{読みやすい/読みにくい}ことは事実だ。(難易)
> 　　　　　　　　　　　　　　　　　(←この本を読む)
> ⑭　僕は水が飲みたい。(←水を飲む)　　　　　　　　　(願望)

⑪〜⑭では元の他動詞表現のヲ格がガ格に変わっています[5]。このように格が変わるのはこれらの構文が埋め込み構造を持つためです。

次の文を考えてみましょう。

> ⑮a.　巨人が阪神に勝った。

3　この分類は庵(2012)によります。受身の分類には諸説あり,これ以外にも,持ち主の受身,第三者の受身などの用語も使われています。

4　この分類の考え方を非対格性の仮説と言います(影山 1993 参照)。

5　なお,この場合,ヲ格のままで使われることもあります。ヲ格の許容度は構文によって異なりますが [⇨第1部§9],願望の場合はヲ格の方が一般的です(庵 1995)。

120　第2部 用語編

b. 阪神が巨人に負けた。

⑮aと⑮bはお互いに，一方が成り立てば他方が成り立つという関係にあります。この点で，「勝つ－負ける」の関係は⑮aと⑮bのような能動文と受動文の関係に対応します。

⑯**a.** 太郎が次郎を押した。　（能動文）
　b. 次郎が太郎に押された。（直接受動文）

受身と使役をボイスと考える場合，これらを**統語的ボイス**（syntactic voice）と呼ぶことがあります。一方，「勝つ－負ける」に見られるような関係を**語彙的ボイス**（lexical voice）と呼びます。

語彙的ボイスは文法的な対立の仕方は統語的ボイスと同様ですが，一方が形態的に有標という関係が存在しません[6]。例えば，受身形は能動形に「（ら）れ」がつくため，能動形に対して形態的に有標ですが，「負ける」は「勝つ」と形態的に関係がありません。

「勝つ－負ける」と同様の関係にあるものに「貸す－借りる」「やる／あげる－もらう」などがあります（庵 2012）。

■ **テンス**

今（発話時）を基準に，出来事が起こったり状態が存在したりする時点が**未来**（発話時より後），**現在**（発話時と同時），**過去**（発話時より前）のいずれであるかに関わる文法カテゴリーを**テンス**（tense。時制）と言います[7]。テンスは全ての述語に存在します。

ル形（スル形）［⇒『1』第2部§3］が未来しか表さないか，現在を表せるかという観点から述語を分類することができます。

ル形が未来しか表せない（＝現在を表せない）ものを**動的述語**と言います。状態動詞以外の動詞（非状態動詞）は動的述語です。一方，ル形が現在を表せ

6　無標と有標については『1』第2部§5を参照してください。

7　次のような習慣や恒常的な性質を表す文には，過去，現在，未来という意味のテンスはありません。こうした文のテンスを**恒時**と言います。
　　・太郎は毎朝6時に起きる。
　　・力士は力が強い。

§3　文法カテゴリーと複文　**121**

るものを**静的述語**と言います[8]。静的述語は，状態動詞，形容詞（イ形容詞，ナ形容詞）と「名詞＋だ」です。

述語 ─┬─ ル形が未来しか表せない（現在を表せない）…… 動的述語
　　　│　　　　　　　　　　　　　　　　　　　　　　　　非状態動詞
　　　└─ ル形が現在を表せる　　　　　　　　　　　　…… 静的述語
　　　　　　　　　　　　　　　　　　　　　　　　　　　　状態動詞
　　　　　　　　　　　　　　　　　　　　　　　　　　　　イ形容詞
　　　　　　　　　　　　　　　　　　　　　　　　　　　　ナ形容詞
　　　　　　　　　　　　　　　　　　　　　　　　　　　　名詞＋だ

図2　テンスから見た述語の分類

タ形が「過去」を表すのに対し，ル形は「未来」または「現在」を表しますが，タ形との関係からはル形は「非過去」を表すと言えます。

単文と主節末のテンスは，（恒時を除き）出来事などと発話時との時間的前後関係で決まるのに対し，従属節のテンス（の一部）は，従属節の出来事と主節との時間的前後関係で決まります。

⑰a．パリに<u>行くとき</u>，このカバンを買った。
　b．パリに<u>行ったとき</u>，このカバンを買った。

⑰aと⑰bの主節と従属節の時間関係はそれぞれ次のようになります。

図3　パリに行くとき，このカバンを買った。

図4　パリに行ったとき，このカバンを買った。

8　静的述語は現在を表すことが多いですが，未来を表すこともできます。
　・太郎は図書館にいる。（現在）
　・私は明日は家に<u>いる</u>。（未来）

つまり，**17**aでは，「パリに行く」のは「カバンを買う」よりも後なので，カバンを買ったのはパリ以外の場所になるのに対し，**17**bでは，「パリに行く」のは「カバンを買う」より前なので，カバンを買ったのはパリになります。このように，ル形が主節時以降，タ形が主節時以前を表す（＝テンスが主節時との時間的前後関係で決まる）場合のテンスを**相対テンス**と言います[9]。これに対し，発話時との時間的前後関係との時間関係で決まるテンスを**絶対テンス**と言います。

■ アスペクト

次の文を考えてみましょう。

> **18**a.　昨日の15時ごろ，激しい雨が<u>降った</u>。
> 　b.　昨日の15時ごろ，激しい雨が<u>降っていた</u>。

18aと**18**bはともに可能ですが，**18**aは雨が降ったことを直接見ていない人でも使えるのに対し，**18**bは雨を直接経験した人しか使えないという違いがあります ［⇒第1部§6］。

このように，同じ出来事を2通りに表すことができるのですが，こうした場合，タ形は出来事をひとまとまりのものとして捉えるのに対し，テイタ形は出来事を広がりのあるものとして捉えます。

こうした出来事の時間的な捉え方に関わる文法カテゴリーが**アスペクト**です。ル形，タ形，テイル形，テイタ形はテンスとアスペクトの組み合わせからなり，次のように整理できます（奥田 1978, 工藤 1995, 庵 2012）。

表1　テンスとアスペクトの関係

		アスペクト	
		完成相 perfective	未完成相 imperfective
テンス	非過去	ル形	テイル形
	過去	タ形	テイタ形

表1のル形，タ形で表されるひとまとまりとしての捉え方を表すアスペクトを**完成相**（perfective），テイル形，テイタ形で表される広がりのあるものと

9　相対テンスについて詳しくは三原(1992)を参照してください。

§3　文法カテゴリーと複文　**123**

しての捉え方を表すものを**未完成相**(imperfective)と言います。

テキストの中では，完成相と未完成相は時間の表し方を分担しており，完成相は時間を進める働きをするのに対し，未完成相は時間を進めずにその場の背景説明をする機能を持ちます[10]。

例えば，**⑲**では，「ついた」の完成相は出来事の時間を進めるため，太郎が部屋に入った後に明かりがついたことを表します。一方，**⑳**では，「ついていた」の未完成相は出来事の時間を進めず背景説明をするため，太郎が部屋に入ったときには明かりがついた状態だった（＝部屋に入る前に明かりがついた）ことを表します。

⑲　太郎が部屋に入った。明かりがついた。
　　　　　　　　　完成相　　　　　　　完成相

⑳　太郎が部屋に入った。明かりがついていた。
　　　　　　　　　完成相　　　　　　　未完成相

アスペクトが持つこのような機能を**タクシス**と言います（工藤 1995）[⇨**第1部§6**]。

アスペクトにはこうした事態の捉え方に関するものの他に，出来事の局面を表す意味もあります。

㉑　ケーキを｛食べ始める／食べ続ける／食べ終わる｝。

「始める」「続ける」「終わる」はそれぞれ「食べる」という動作の開始部，継続部，終結部を表しています。こうした出来事の局面を表すアスペクトを**語彙的アスペクト**(lexical aspect)または**アクチオンスアルト**(Aktionsart)と言います（アクチオンスアルトについて詳しくは森山 (1984, 1988)，仁田 (1987)を見てください）。

10　小説などの出来事が展開していくタイプのテキスト（語り物。narrative）において，出来事の筋を進める部分を前景(foreground)，筋を進めず説明を行う部分を後景(background)と言います(Hopper 1979)。小説の地の文では，タ形が前景，ル形が後景として機能することが知られています（益岡 1991, 工藤 1995）。また，語り物に認識的モダリティが出現するとそれが後景として機能するという指摘もあります（仁田 1996）。

▪ 肯否

命題に属するもう1つの文法カテゴリーは**肯否**(みとめ方)です。日本語では，否定は肯定に対して形態的に有標です。

次の文を考えてみましょう。

> ㉒　彼がパーティーに来るから<u>行かない</u>。
> ㉓　彼がパーティーに来るから行く<u>のではない</u>。

㉒は文の述語を否定するだけなのに対し，㉓は文の述語は肯定して，それ以外の部分を否定するということを表します [⇒第1部§7]。

これを別の観点から見ると，「ない」の影響が及ぶ範囲(**スコープ**)は，㉒のような「ない」単独の場合は「ない」の直前の述語までであり，それより前の要素を否定の対象にするためには，㉓のように「の」をつけて否定のスコープを広げる必要があるということになります(久野 1983, Takubo 1985, 益岡 1991 なども参照)。野田(1997)はこうした理由で使われる「のだ」を「スコープの「のだ」」と呼び，説明などのために使われる「ムードの「のだ」」と区別する必要があると述べています。

モダリティに属するもの

本節では，モダリティに属する文法カテゴリーについて述べます。

上で見たように，モダリティは大きく，対事的モダリティ(ことがらめあてのモダリティ)と対人的モダリティ(聞き手めあてのモダリティ)に分けられます(仁田 1991, 益岡 1991 などを参照)。

▪ 対事的モダリティ

対事的モダリティは，文の命題内容に対する話し手の判断を表すものです。判断を表す文は必ず有題文 [⇒第1部§9] となります[11]。

11　三上章は名詞文(AはBだ。)に2つのタイプがあることを指摘しました(三上 1953。指定文と措定文については西山 2003 も参照)。
　1つは，(ア)のようにBがAの属性を表すタイプ(**措定文**)です。
　(ア)　太郎は学生だ。
　もう1つは，(イ)のようにA＝Bとなるタイプ(**指定文**)です。
　(イ)　太郎はあの学生だ。

§3　文法カテゴリーと複文　**125**

対事的モダリティはさらに次の3つに分けられることもあります。

■ 認識的モダリティ(epistemic modality)

認識的モダリティは，命題内容に対する話し手の把握の仕方に関わるモダリティで，日本語では「だろう，と思う，かもしれない，はずだ，にちがいない」などが該当します。

■ 証拠性モダリティ(evidential modality)

証拠性モダリティは，何らかの外的徴候を根拠に判断したことを表すモダリティで，日本語では「ようだ，みたいだ，らしい，そうだ，しそうだ」などが該当します。

■ 当為的モダリティ(deontic modality)

当為的モダリティは，義務，当然といった意味を表すモダリティで，「べきだ，なければならない」などが該当します(森山 1997, 高梨 2010 参照)。

英語では，may や should などの法助動詞が認識的モダリティと当為的モダリティをともに表すことができます。

24 a. It may be true.　　　　　(認識的モダリティ)
　　　(それは正しいかもしれない)

　 b. You may go home.　　　(当為的モダリティ)
　　　(君は帰ってもよい)

25 a. It should rain tomorrow.　(認識的モダリティ)
　　　(明日はたぶん雨だろう)

　 b. You should apologize him. (当為的モダリティ)
　　　(君は彼に謝るべきだ)

中国語の「応該」にも同様の現象が見られます。「はずだ」(認識的モダリ

指定文の場合はAとBを入れ替えて「BがAだ。」とすることができます。
　(ウ)　あの学生が太郎だ。
指定文の場合は同様のことはできません。
　(エ)×学生が太郎だ。
　このように，指定文の場合，「BがAだ。」も可能ですが，このタイプの文(陰題文)を有題文と考えるかについては説が分かれます(詳しくは野田 1996 を参照)。

ティ)と「べきだ」(当為的モダリティ)は，日本語の感覚ではかなり異なるものと感じられるかもしれませんが，他言語ではかなり近い場合があり，そのために26のような誤用がしばしば見られます(中国語話者によるこのタイプの誤用については張2001を参照)[12]。

26 ×それは正しいべきだ。(☞はずだ)

■ 対人的モダリティ

対人的モダリティは，聞き手に対して使われるモダリティで，終助詞や命令形(および「てください」など命令や禁止で使われるもの)，意志勧誘形(「う・よう」)などがこれに属します。

対人的モダリティは，平叙文，疑問文，命令文，勧誘文(誘いかけの文)など文のタイプを決める働きを持つため，表現類型のモダリティと呼ばれることもあります(益岡1991)。

■ 丁寧さ

聞き手に関わる文法カテゴリーに**丁寧さ**があります。丁寧さは「です」「ます」で表される「丁寧」とそれを含まない「非丁寧」の対立です。

27a. 田中さんは大阪に出張しました。　(丁寧・丁寧体)

b. 田中さんは大阪に出張した。　(非丁寧・普通体)

28a. 田中さんは学生です。　(丁寧・丁寧体)

b. 田中さんは学生である。　(非丁寧・普通体・デアル体)

c. 田中さんは学生だ。　(非丁寧・普通体・ダ体)

27aと28aは「ます」「です」を含むので，丁寧さとしては「丁寧」で，文

12　文語の「べし」も，英語や中国語と同じく，認識的モダリティと当為的モダリティをともに表していました。

　(オ)　明日雨降るべし。(明日は雨が降るだろう)　　(認識的モダリティ)

　(カ)　汝かの書を読むべし。(君はあの本を読むべきだ)　(当為的モダリティ)

　日本語では，近代から現代にかけて，1つの形式が複数の意味を担う統合的(synthetic)な表現中心から，意味ごとに形式を分ける分析的(analytic)な表現へという文構造の大きな変化が起こりました(「ら抜きことば」もこの流れの中に位置づけられます)。こうした言語変化について詳しくは阪倉(1993)，小松(1999)などを参照してください。

§3　文法カテゴリーと複文　**127**

体としては「丁寧体」です。

一方，27bと28b 28cは「ます」「です」を含まないので，丁寧さとしては「非丁寧」で，文体としては「普通体」です。ナ形容詞と「名詞＋だ」を述語とする文には「普通体」の下位分類として「デアル体」と「ダ体」があります。動詞とイ形容詞を述語とする文にはこの区別はありません。

なお，29 30の下線部では文末の文体が丁寧体であっても普通体であっても丁寧形は使えません。つまり，丁寧さの対立がありません。この下線部を「普通形」と言います。文体の概念である「普通体」と「普通形」を区別することが重要です(野田 1998, 庵 2012) [⇨『1』第2部§4]。

> 29　田中さんは大阪に出張したと ｛思います／思う｝。
> 30　田中さんは学生だと ｛思います／思う｝。

一方，従属節の一部(特に南モデルのC類)では従属節自体が丁寧さの対立を持ちます。これは，C類が従属節の独立度が高いためです [⇨§1]。そして，主節の丁寧さと従属節の丁寧さは一致します[13]。そのため，主節と従属節の丁寧さが一致しない31aと32bは不自然になります。このタイプの誤用は上級以上の学習者にもよく見られるので，注意が必要です。

> 31　田中さんは ｛a.?来なかった／b.○来ませんでした｝ が，パーティーは楽しかったです。
> 32　田中さんは ｛a.○来なかった／b.?来ませんでした｝ が，パーティーは楽しかった。

複文の種類

ここからは，**複文**の種類について概観します。

複文には大きく分けて，述語を修飾する連用節(機能的には副詞に相当)と名詞を修飾する連体節(機能的には形容詞に相当)があります [⇨§1]。

13　このうち，主節が丁寧体である場合に，従属節がどの程度丁寧さを取るかを考察したのが三尾(1942)の丁寧化百分率です。これについて詳しくは，三上(1953), 金澤(2008), 庵(2012)を参照してください。

■ 連用節

連用節には，条件節，原因・理由節，譲歩・逆接節，付帯状況節，引用節などがあります。

条件節

条件には次のような種類があります。

仮定条件は，最も典型的な条件で，「もし」が使え，文末がタ形にならないものです。「たら，ば，なら，と」が全て使えます。

㉝ （○もし）明日雨が {降ったら／降れば}，出かけない。

㉞ （○もし）京都に行くのなら，おみやげを買ってきてね。

確定条件は，既に起こったことを表す際に条件形式が使われる場合で，「もし」は使えず，文末がタ形になります[14]。「たら，と」が使われます（宮部2017参照）。

㉟ （×もし）窓を {開けたら／開けると}，小鳥が飛び込んできた。

反事実的条件は，事実と反対の内容を仮定して述べるもので，英語の仮定法過去，仮定法過去完了に相当します。「もし」は使え，文末はテイタ形になることが多いです（庵・清水2016）[15]。「たら，ば」が使えます。

㊱ （○もし）あのときお金が {あったら／あれば}，あのカメラを買って<u>いた</u>。

反事実的条件は，文の肯否を逆にした理由文と同じ内容を表します。

㊲ あのときお金がなかった<u>から</u>，あのカメラを買わなかった。

14　次のような「起こることが確実である」ものを確定条件に含める場合もあります。この場合は「たら」しか使えません。
　（キ）　10時に {○なったら／?なると}，出かけよう。

15　現在の反事実（英語の仮定法過去に相当）を表すときにはテイル形が使われます。
　（ク）　今お金があれば，あのカメラを買って<u>いる</u>。

§3　文法カテゴリーと複文　　**129**

この場合，反事実的条件の方が後悔や残念な気持ちが強く表現されます。

原因・理由節

「から，ので，ため（に）」などが含まれます。このうち，「から」と「ので」には**原因・理由**を表す用法と**判断の根拠**を表す用法があります。

> 38　熱があった {から／ので}，学校を休んだ。（理由）
> 39　道が濡れている {から／ので}，夜の間に雨が降ったのだろう。
>
> （判断の根拠）

原因・理由の場合は「A {から／ので}，B。」を「BのはAからだ。」と言い換えられますが，判断の根拠の場合はそのように言い換えられません。

> 38'　○学校を休んだのは熱があったからだ。
> 39'　?夜の間に雨が降ったのは，道が濡れているからだ。
> cf　○夜の間に雨が降ったと考えるのは，道が濡れているからだ。

譲歩・逆接節

「ても，のに，けど／が」などが含まれます [⇒『1』第1部§5]。

条件節，原因・理由節，譲歩・逆接節は因果関係を表すという共通点を持っています。前田(1991)はこれらを「論理文」として包括し，相互の関係を論じています。より詳しいことは，坂原(1985)，前田(2009)などを参照してください。

付帯状況節

「ながら，つつ，て」などが含まれます。これらの形式の相互の使い分けについては三宅(1995)などを参照してください。

> 40　太郎は歌を歌いながら歩いていた。
> 41　太郎は汗をふきつつ歩いていた。
> 42　太郎は帽子をかぶって歩いていた。

引用節

「と」が代表的な形式です。

㊸ 太郎は「明日また来る」と言った。
㊹ 太郎は翌日また来ると言った。

連体節(連体修飾節／名詞修飾節)

名詞を修飾する節を**連体節**(連体修飾節，名詞修飾節)と言います。連体節が修飾する名詞を**底の名詞**と言います。

連体節には内の関係と外の関係の2種類があります(寺村1975～1978)。

内の関係は，底の名詞が連体節の述語と格関係を持つものです。

㊺ ［その本を書いた］太郎　(←太郎がその本を書いた)
㊻ ［太郎が書いた］本　(←太郎がその本を書いた)
㊼ ［私が手紙を渡した］男の子　(←私がその男の子に手紙を渡した)

外の関係は，底の名詞が連体節の述語と格関係を持たないものです。外の関係の連体節では「という」が使えるかが問題になります。

㊽ 「すぐに帰れ」{○という／×φ} 命令(が届いた)
㊾ 税金を安くするべきだ {○という／×φ} 意見(があった)
㊿ 新型飛行機が墜落する {○という／○φ} 事故(があった)
(51) 彼が学校を休んだ {×という／○φ} 理由(を知りたい)

「という」が使える条件について詳しくは寺村(1977, 1978)，益岡(1997)，庵(2012)を参照してください。

連体節でもう1つ重要な区別に，制限的修飾と非制限的修飾があります。

制限的修飾は，連体節がつくことによってより小さい集合が作られる場合で，この場合，連体節を省略すると文の意味が大きく変わります。

非制限的修飾は，既に指示対象がわかっている名詞に情報を付加するために使われるもので，連体節を省略しても文の意味はあまり変わりません。

52 ［先日花子と話していた］男の人に会った。（制限的修飾）
　　≠男の人に会った。

53 ［先日花子と話していた］太郎に会った。（非制限的修飾）
　　≒太郎に会った。

■ 参考文献

庵　功雄（1995）「ガ〜シタイとヲ〜シタイ」『日本語教育』86

庵　功雄（2012）『新しい日本語学入門（第2版）』スリーエーネットワーク

庵　功雄・清水佳子（2016）『上級日本語文法演習　時間を表す表現』スリーエーネットワーク

井上和子（1976）『変形文法と日本語（上）』大修館書店

奥田靖雄（1978）「アスペクトの研究をめぐって」奥田靖雄（1985）『ことばの研究・序説』むぎ書
　　房に再録

影山太郎（1993）『文法と語形成』ひつじ書房

金澤裕之（2008）『留学生の日本語は，未来の日本語』ひつじ書房

工藤真由美（1995）『アスペクト，テンス体系とテクスト』ひつじ書房

久野　暲（1983）『新日本文法研究』大修館書店

小松英雄（1999）『日本語はなぜ変化するか』風間書房

阪倉篤義（1993）『日本語表現の流れ』岩波書店

坂原　茂（1985）『認知科学選書2 日常言語の推論』東京大学出版会

高梨信乃（2010）『評価のモダリティ』くろしお出版

張　麟声（2001）『日本語教育のための誤用分析―中国語話者の母語干渉20例』スリーエーネット
　　ワーク

寺村秀夫（1982）『日本語のシンタクスと意味 I 』くろしお出版

寺村秀夫（1975〜1978）「連体修飾のシンタクスと意味―その1〜その4―」寺村秀夫（1993）『寺村
　　秀夫論文集 I 』くろしお出版に再録

西山佑司（2003）『日本語名詞句の意味論と語用論』ひつじ書房

仁田義雄（1987）「テンス・アスペクトの文法」仁田義雄（2009）『仁田義雄　日本語文法著作選第1
　　巻　日本語の文法カテゴリをめぐって』に「日本語のアクチオンスアルト」として再録

仁田義雄（1991）『日本語のモダリティと人称』ひつじ書房

仁田義雄（1996）「語り物の中のモダリティ」『阪大日本語研究』8，大阪大学

野田春美（1997）『日本語研究叢書9「の（だ）」の機能』くろしお出版

野田尚史（1996）『新日本語文法選書1「は」と「が」』くろしお出版

野田尚史（1998）「ていねいさから見た文章・談話の構造」『国語学』194

野田尚史（2002）「1単文・複文とテキスト」野田尚史・益岡隆志・佐久間まゆみ・田窪行則『日本
　　語の文法4　複文と談話』岩波書店

前田直子（1991）「「論理文」の体系性」『日本学報』10，大阪大学

前田直子（2009）『日本語の複文』くろしお出版

益岡隆志（1991）『モダリティの文法』くろしお出版

益岡隆志（1997）『新日本語文法選書2 複文』くろしお出版

三尾　砂（1942）『話言葉の文法（言葉遣編）』くろしお出版から再版（1995）

三上　章（1953）『現代語法序説』くろしお出版から再版（1972）

三原健一（1992）『時制解釈と統語現象』くろしお出版

三宅知宏（1995）「ナガラ，ツツ，テ」宮島達夫・仁田義雄編『日本語類義表現の文法（下）』くろし

お出版

宮部真由美（2017）『現代日本語の条件を表す複文の研究』晃洋書房

森山卓郎（1984）「アスペクト的意味の決まり方について」『日本語学』3-12，明治書院

森山卓郎（1988）『日本語動詞述語文の研究』明治書院

森山卓郎（1997）「日本語における事態選択形式」『国語学』188

Hopper, Paul J.（1979）"Aspect and foregrounding in discourse," in Givón, T.（ed）*Discourse and syntax*. Academic Press.

Iori, Isao（2017）"The layered structure of the sentence," in Shibatani, M., Miyagawa, S. and Noda, H.（eds.）*Handbook of Japanese Syntax*. De Gruyter Mouton.

Takubo, Yukinori（1985）"On the scope of negation and question in Japanese," 田窪行則（2010）『日本語の構造』くろしお出版に「日本語における否定と疑問のスコープ」として再録

第3部 発想編

1 文法教育の目的

　本書では，『1』と『2』を通じて，日本語教育文法の立場から文法項目の導入の仕方に関する考え方を論じていますが，日本語教育における文法教育はどのようなものであるべきなのでしょうか。ここでは，この点について考えます。

産出のための文法の観点から

　『1』で述べたように，本書では「産出のための文法」を優先します［⇨『1』第3部§1］。したがって，ここでも，産出のための文法の観点から文法教育について考えていきます。

■「母語で言いたいことを日本語でも言える」を目指す

　ここで，外国語を学ぶことの意味について考えてみましょう。

　もちろん，外国語を学ぶことの意味は学習者によって様々ですが，その（重要な）1つに，「母語でなら言えることをその言語でも言える」ようになることがあると考えられます[1]。これは，われわれが英語などの外国語を学ぶときに置き換えて考えれば容易におわかりになると思います[2]。

　このことが正しいとすれば，文法教育の目的をこの点に絞って考える必要があると言えます。以下，この観点から考えるべきことについて述べます。

1　これは産出の観点から考えたことであり，理解の観点から言えば，その言語の映画やアニメ，小説などの内容がわかる，その言語で書かれた文献が読めるようになる，その国のニュースが聞き取れるようになるといったことが考えられます。

2　もし，ここでの指摘が正しいとすれば，外国語教育において重要なのは，まずは，母語において言いたい内容を数多く持つことだと言えるでしょう。母語においても言いたいことがないのに，それを外国語で言えるはずがないからです。近年の英語教育の方向性について様々な批判がありますが（大津ほか 2013），同じことを日本語教育に当てはめるなら，学習者が言いたいことを日本語で言えるようにすることを，特に初級において中心的なテーマとして考えるべきだということになると思われます［⇨『1』第3部§1］。

136　第3部　発想編

■ 表現するための手段(道具)としての文法

　自分が表現したいことを外国語で表現するという観点から考えた場合，文法はそのための手段(または，道具)ということになります。そうだとすれば，学習者も「文法」という道具を自由に使いこなせるようになる必要があります。そして，その目的を早くかつ正確に達成させることが教師の重要な役割になると言えます。

■ 母語の知識を活かす

　「母語でなら言えることをその言語で言える」ようにすることが文法教育の目的であるとした場合，「母語の知識を活かす」ことが重要になってきます。なぜなら，学習者の発想は母語からスタートしているからです。もちろん，習得が進めば，母語からの直接の転移は少なくなり，母語の違いによらない中間言語的な知識状態が増えてくるのも事実です。

　しかし，初級段階では母語転移が強く存在することは間違いありませんし，何より，母語転移の多くの部分は正の転移であるので，それを積極的に活かすことによって，上記の目的をより早く達成できる可能性が高まると考えられます [⇨『1』第3部§4]。

　ただし，言うまでもなく，母語転移には負の転移が存在しますし，文法に関しても，意味的に重要度が高い項目に負の転移が生じやすいのも事実です。こうした点を踏まえると，母語の知識を活かした日本語教育にとっては次のような考え方が重要であるように思われます。

> **❶a.**　学習者の誤用(非用)の背景に母語転移が考えられないかを考える
> 　**b.**　様々な文法項目について，日本語と学習者の母語の対照を行う

　❶aは，教師が一般に可能なことで，学習者の誤用(可能であれば，非用も)をチェックしておき，それが学習者の母語の転移(直訳)に由来するものではないかを，その学習者と同じ母語の学習者(あるいは，その学習者自身でもよい)に尋ねて確認するということです。

　❶bは，研究として考える場合で，日本語教育に携わっていない大学院生などでも可能です。この場合，対照研究の方法が問題になりますが，これについては§4で少し考えます。なお，こうした対照研究において最も有利な

§1　文法教育の目的　**137**

のは非日本語母語話者の研究者／大学院生です（庵2013）[⇨『1』第3部§2]。

■ 非用と誤用をともに扱う

　文法教育の目的を産出ということに置いた場合，「正確さ（accuracy）」が重要な尺度になります。もちろん，「流暢さ（proficiency）」も重要であり，会話教育などではこちらが優先されるべきだと考えられます。

　その一方，文法が「道具」であるとすれば，まずは，道具を正確に使えることが必要であり，そのためには，文法教育においては，流暢さよりも正確さを重視すべきであると考えられます。

　そして，正確さを重視するとすれば，「誤用（error）」だけではなく，「非用（avoidance）」も同様に（＝同じ重みづけで）扱う必要があります [⇨『1』第2部§6]。例えば，第1部§7で扱った疑問文の「のだ」です。

　　2a. ?田中さんはそのスマホをどこで買いましたか？
　　　b. ○田中さんはそのスマホをどこで買っ<u>ん</u>ですか？

　現行の文法教育では**2**aの不自然さ（「のだ」の非用）はほとんど問題とされていませんが，この文は「クイズ疑問文」であり [⇨第1部§7]，外国人の日本語に接することの少ない日本語母語話者は違和感を持つものです。これは，そうした「普通の」日本語母語話者が**2**aを使う外国人の日本語能力を低く評価してしまう可能性が高いことを意味しています。

　もちろん，日本語母語話者が一般に，外国人の日本語を日本語のバリエーションの1つとして受け入れられるような「公平な耳」（土岐1994）を持つように努めることは絶対的に必要です（庵2013, 2018）。しかし，そのことと，学習者が不利益を被らないような文法項目の導入の仕方を考えることは全く別のことであり，どちらも同じように必要なことなのです。

　文法教育の仕事は，学習者が「意図しない形で」日本語能力を低く評価されたり，日本語母語話者との間にトラブルを生じたりしないように，そうした問題が起こりそうな表現を予め排除したり[3]，その導入に際して注意を与えたりする[4]ことであると考えられます。

3　このタイプの研究の例として，庵（2009）が挙げられます。

4　第1部§7の**12**で挙げた疑問文の「のだ」に関する制限（＝述語が動詞以外の疑問文では基本的に「の

以上のような理由から，文法教育では誤用と非用を同じようになくすように考えていく必要があると言えます。

■ 規則は単純に

　このように，誤用も非用も同じように扱うとすると，規則についての考え方も変えていく必要が出てきます。

　『1』でも述べたように [⇨『1』第3部§3]，学習者が使いこなせるという観点から考えると，規則はできる限り少なく，かつ，具体的に記述されていなければなりません。そのためには，元の規則のどの部分が重要であるのかについて見極める分析力を持つことが重要です。

■ 自己修正能力を高める

　以上，文法教育の目的についていくつかの観点から述べてきましたが，それ以外に重要な観点に自己修正能力を高めるということがあります。

　多くの日本語学習者にとって，日本語を学び続けようとする際に直面するのが自分の日本語能力を高めたり，維持したりすることが難しいという問題です。これは外国語環境(JFL=Japanese as a Foreign Language 環境)においてより顕著です。周りに日本語母語話者がいない，大学以外に日本語環境がない，といったところが多いわけです。そうした中で，日本語能力を少なくとも維持していくためには，自分自身で産出したものを自分で修正できる能力が不可欠です。なお，同様のことは，非日本語母語話者教師や，日系企業に就職した人などについても言えます。

　では，どのようにして自己修正能力を高めるかということですが，第一に，文法教育が扱えるのは，産出の中でも「書く」についてだけであり，「話す」については(少なくとも一律には)難しいと言えます。

　自分が書いたものについては，時間を止めて修正(推敲)することができるので，授業で一律に指導することが可能です。

　一方，話す場合はこれとは事情が異なります。文法的な点について自己修正させるためには，文法形式に注目させる必要がありますが，話す際に文法形式に注意を払うと，その分話す内容についての注意がおろそかになります。したがって，話す場合に自己修正できるようになるためには，話す内容につ

だ」を使わない)はこのことの例です。

いては，それほど意識しなくても話せる（一定程度自動化ができている）ことが必要となります。しかし，こうした能力は同一のクラス内でも均質に存在するとは限らないため，クラス授業で話す場合の自己修正を扱うことは相対的に難しいと言えます[5]。

以上の理由から，対象を書く場合に限定したとして，どのように自己修正能力をつけさせるかですが，これには，自分の書いたもの（作文など）を見て，その中の文法的な誤りを指摘する練習（「間違い探し」）が効果的です。

通常のドリルや穴埋めでははじめから問題の所在がわかっていますが，間違い探しでは，問題点がどこにあるかはわかっていないため，様々な文法項目についての正確な知識が求められることになります。

こうしたことから考えても，規則は（上述のように）単純かつ明瞭なものでなければならないことがわかると思います。

ここで考えてきたことは，日本留学から帰ったあとの学習者や，留学機会が得にくい学習者，非日本語母語話者教師などが自らの日本語能力を維持し，さらに伸ばしていく，すなわち，学び続けられる力を養成するという目的においても重要です。

これらの学習者（教師）にとって必要なのは自律学習です。自律学習は教室による教師主導の学習と対置されることが多いですが，以上見てきたことから考えれば，自律学習という点から見ても，文法教育の中身（コンテンツ）をどのようなものとすべきかを議論する必要があることがおわかりいただけると思います。

〈やさしい日本語〉の観点から

以上では，留学生教育の観点から，文法教育の目的について見てきましたが，ここで見てきたことは〈やさしい日本語〉にも当てはまります。

〈やさしい日本語〉の詳細については庵（2016）その他に譲りますが，〈やさしい日本語〉には次の2つの側面があります。

5　ロールプレイの内容を録画・録音して，その書き起こしと映像をつきあわせながらフィードバックする，といった方法を採れば，この辺りの問題点はかなり改善されますが，この方法においても，書き起こしを見ながら修正するというプロセスは実際の発話の場面とはかなり異なるため，書く場合と同様の効果が得られるかは不明であると思われます。

140　第3部　発想編

3a. 居場所作りのための〈やさしい日本語〉
  b. バイパスとしての〈やさしい日本語〉

3aは主に成人の定住外国人を，**3**bはその子どもたちやろう児を対象とするものです。

3aの目的の1つは，定住外国人が日本を「居場所」として感じられるようになることです。そのための重要な条件の1つは「母語でなら言えることをその言語で言える」ようになることであると言えます。このことは，われわれが何らかの事情で，外国で生活しなければならなくなった際に，現地の言語で「日本語でなら言えることをその言語で言える」ようになるかならないかで心理的な安定度がどれぐらい違うかを想像してみればおわかりいただけるでしょう。

このことが正しいとすれば，そこで求められる文法教育の方針は基本的に本書およびこのセクションで述べてきたものと同様になります。具体的には，文法項目は「母語でなら言えることをその言語で言える」という目的において重要なものに絞り込み，産出を中心にするといったことです[6]。

一方，**3**bにおいて重要なことは，限られた時間内で，上級レベルの日本語能力を身につけ，できるだけ高校入学時，遅くとも高校卒業時には日本人の子どもたちと対等に競争できるようになることです。

そのために必要な文法教育の方針は，基本的に留学生に対するものとほとんど同じであると言えます。これについては，この後の2つのセクションでやや詳しく述べることにします。

■ **参考文献**
庵　功雄 (2009)「推量の「でしょう」に関する一考察—日本語教育文法の視点から—」『日本語教育』142
庵　功雄 (2013)「日本語とニホン語—日本語教育文法の担い手としての非母語話者—」「「聞き手の国際化」と「やさしい日本語」—土岐先生の思い出—」『日本語教育，日本語学の「次の一手」』くろしお出版
庵　功雄 (2016)『やさしい日本語—多文化共生社会へ—』岩波新書
庵　功雄 (2018)「「国際日本語」としての〈やさしい日本語〉」『日本語言語政策学会第20回大会予稿集』
庵　功雄監修 (2010, 2011)『にほんごこれだけ！1，2』ココ出版
大津由紀雄・江利川春雄・斎藤兆史・鳥飼玖美子 (2013)『英語教育，迫り来る破綻』ひつじ書房
土岐　哲 (1994)「聞き手の国際化」『日本語学』13-13，明治書院

6　この理念に基づき，地域型日本語教育の実情にそくした教材として開発したのが庵監修(2010, 2011)です。

§1　文法教育の目的　**141**

2 文と文法(1)
～ことばを作る横糸と縦糸～

　このセクションと次のセクションでは，文の構造と，それを踏まえた文法シラバスについて考えることにします。

文法と語彙の関係

　『1』でも述べたように [⇨『1』第2部§2]，文は，文法と語彙の組み合わせによって作られています。

　例えば，**1**は**1**'という構造を持っており，「＜動作主＞が＜場所＞で＜対象＞を＜動詞＞(で表される動作が)進行中だった」という意味を表します[1]。

> **1**　太郎 が　喫茶店 で　コーヒー を　飲ん でいた 。
> 　　　　A　　　　B　　　　　C　　　　D
> **1**' 動作主 が　場所 で　対象 を　非変化動詞 ていた (進行中・過去)

　このように，文法は文の枠組みを作ります。言い換えると，文法はクッキーやゼリーなどの「型」に当たります。型の違いによって，クッキーやゼリーの形(犬，パンダ，ウサギ…)が決まるように，文法の違いによって，文の意味は変わります。

> **2**　コップ が　割れ ていた 。
> **2**' 対象 が　変化動詞 ていた (結果残存・過去)

　例えば，「ていた」の前の動詞が変化動詞 [⇨『1』第1部§4] の場合は，「ていた」は結果残存の過去を表します。これは，**1**とは別の形のクッキーやゼリーになるということです。

1　ここで，「動作主，対象，場所」といった名詞句が述語に対して表す意味を深層格，深層格を表す「が，を，で」などの形式を表層格と言います [⇨第2部§2]。

142　第3部　発想編

このように，文法はその文の類型的な意味(「型」としての意味)を表しますが，実際の場面で文がどのような意味を表すかは，**1**'のA～Dにどのような語が入るかによって決まります。例えば，「パンダ」の「型」に「赤」のゼリーを流し込むと「赤のパンダ」のゼリーができるように，**1**'のA～Dにそれぞれ「太郎，喫茶店，コーヒー，飲む」を入れることによって**1**という文ができるわけです。ここで，**1**は**1**'にたまたまこれらの語が入ってできたものです。

一般に，**1**'のA～Dにはそこの意味的特徴(選択制限)を満たすものならどのような語が入ってもかまいません。これは同じ型(文法)のクッキーやゼリーでも材料(語彙)が変われば，それに対応する味や色のクッキーやゼリーができることに対応します。

このように，文は横糸(文法)と縦糸(語彙)の組み合わせで作られているのです[2]。

日本語の文の構造～階層構造～

次に，日本語の文の構造を文法的に見てみます。

3 女性は追いかけられていなかったようだよ。

3の述語の部分**4**は，下に書かれているボイスなどの意味(文法カテゴリー[⇒第2部§3])を表す形態素 [⇒第2部§1] です。

4 追いかけ－られ－てい　－なかっ－た　－ようだ　－よ
　　　　語幹　ボイス アスペクト　肯否　テンス　対事的　対人的
　　　　　　　　　　　　　　　　　　　　　　　モダリティ モダリティ

2　文法が表す関係を**統合的関係**または**横の関係**，語彙が表す関係を**範列的関係**または**縦の関係**と言います [⇒『1』第2部§2]。

日本語では，こうした文法的意味を表す形態素の順序が一定に決まっています。南(1974, 1993)はこうした事実に基づき，図1のような階層構造を提案しました(庵2012参照)。

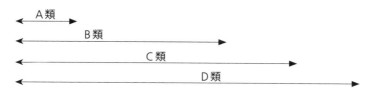

図1　日本語の階層構造

　一方，複文には次のようなものがあります(連体節を除く)(仁田1995参照)。

5　付帯状況節，中止節(テ節，連用中止節)，因果関係節(条件節，譲歩節，理由節)，時間節，接続節(逆接節，並立節)

■「母語でなら言えることをその言語で言える」ための文法シラバス

　このように，日本語の単文は図1の構造を持っています[3]。ということは，図1の各文法カテゴリーから(少なくとも1つ)要素を取り出せば(丁寧さも加える)，全ての文に当てはまる「型」ができることになります。

　もちろん，実際に3のように全てのカテゴリーの要素が使われる場合はほとんどありませんが，図1に含まれる文法カテゴリーの要素があれば，単文であれば，全ての日本語の文が作れるということになります[4]。また，複文についても，5の全ての節から要素を取り出せば，単文と同じことが可能になります。

　庵(2015)はこのような発想に基づいて作ったもので，これによって，日本語の文は文法的にはとりあえず全て表現可能になります［⇒**表2**(148〜151ページ)］[5]。

3　丁寧さ(です・ます)は図1には含まれていませんが，これについては仁田(1991)を参照してください。

4　述語に関してはこの通りですが，それ以外に，格［⇒第2部§2］を表す格助詞と最低限のとりたて助詞，終助詞も必要です。表2にはこれらも含まれています。

5　この初級文法シラバスは，元々は§1で触れた〈やさしい日本語〉の中の「居場所作りのための〈や

これを産出ということから考えると，学習者が母語で言いたいことを日本語で表現するためには，とりあえず，**表2**の表現をマスターして，その日本語の「型」に母語の表現を当てはめれば，文法的には（つまり，クッキーなどの「型」としては）「母語でなら言えることをその言語で言える」ことになります。あとは，そこに語彙を当てはめればよいということになります。

　このようにすれば，少なくとも理論的には，「母語でなら言えることをその言語で言える」ようになると考えられます。

「初級」についての新しい考え方

　産出と「母語でなら言えることをその言語で言える」ようになることを重視した場合，**表2**に示した文法項目があれば，初級修了レベルでも，とりあえず「母語でなら言えることをその言語で言える」ようになると言えます。

　以上の考え方を採用するとした場合，初級についての考え方が現在のものと大きく変わることになります。ここでは，この点について述べます。

　現在の初級では，文型の数を増やすことが習得であると考えられています。また，日本国内では通常，直説法が行われているため，日本語の文法説明を日本語で行うということからも，語彙に制限をかけることになります。

　一方，産出を中心とする上述の方法の場合は，**表2**に見られるように，文型の数はもともとかなり絞り込んでいます。しかし，産出という観点からはそれでも問題はないと考えられます。

　そのことは，**表2**の前身である庵(2009)に示した同様の表（**表2**から*をつけたものを除いたもの）と，山内(2009)の結果がほぼ対応することからも説明できます。

　山内(2009)はKYコーパスを用いて，OPI（Oral Proficiency Interview）で中級（＝初級修了レベル）と判定された学習者が安定的に使っている文法形態素を調べたものですが，その内容と，産出ベースで策定した庵(2009)の内容がほぼ一致するということは，現在の初級のように，数多くの項目を導入しても，学習者が自分のものとして使えると思える項目はわずかであるということを示しています。そして，それは裏返して言えば，産出に限定すれば，文型は

さしい日本語〉」のために考案したものを，学校型日本語教育用に拡張したものです。この点について詳しくは庵(2015)を見てください。また，庵(2018)は庵(2015)を部分的に修正したものです。

§2　文と文法(1) 〜ことばを作る横糸と縦糸〜　　**145**

非常に少なくてもよいということになります。文型を絞っても問題ないというのは次のような例からもわかります。

6　私 は マイク・ミラー です。　　　　（『みんなの日本語　初級Ⅰ』）
7　日本経済の問題 は 財政赤字 です。

6 と 7 は，文の「型」（文法）は全く同じ（「AはBです。」）で「材料」（語彙）が異なるだけですが，表現できる内容の質的な違いは明らかです。この違いは，より高度な内容（初級レベルでは「母語で言えること」は外国語で考えることよりもはるかに高度であるのが普通だと考えられます）を表すために必要なのは，文法ではなく語彙であることを示しています。

　もちろん，文法が不要だというのではなく，表現する上で必要な項目に限定して，着実に使えるようにすることが重要だということです。

　以上を踏まえると，これからの初級日本語教育においては，次のように考え方を変えていく必要があると思われます（庵 2018）。

表1　初級に関する新しい捉え方

	これまで	これから
文型	変数（どんどん増やす）	定数（あまり増やさない）
語彙	定数（あまり増やさない）	変数（制限をかけない）

　このように発想を転換した場合，授業の内容も変化すると考えられますが，この点は次に述べます。

日本語教師の存在意義を高めるために

　表1のような形に発想を転換した場合，初級のコースは，産出のために必要最小限の文型を練習したあとは，それを使って自分の考えを述べるという形の授業になるはずです。

　このことによって，学習者はごく初期から自分の考え（「母語でなら言えること」）を日本語で表現することができるようになるため，学習の動機づけは大きく高まると考えられます。また，初期には当然数多くの誤用が見られるはずですが，それを訂正されたものは学習者にとって，理解可能なインプッ

ト（Krashen 1985）になる可能性が高くなります。それは，そうした誤用は，学習者自身の発想から出てきたものであり，練習のための練習で出てきたものではないため，真正さ（authenticity）[⇒『1』第3部§7] が高いからです。

その一方，学習者が産出する文のバリエーションは非常に多くなり，それを事前に予測することも困難になるため，教師の負担は増加する可能性があります。ただし，そうした場合に適切なフィードバックを与えることができれば，教室で学ぶことの意義が高まります。そして，そうした適切なフィードバックを与えることはコンピューターには困難であることもあり，日本語教師がそうした能力を持てれば，今後のAI化（コンピューター化）の流れの中でも日本語教師の存在意義が失われることはなくなるはずです。

これに対し，決められた内容を決められた通りに行うだけであれば，教室学習の意義は高まらず，日本語教師の存在意義も高まることはないでしょう。その結果，教師の職がコンピューターに代替されてしまう結果になる可能性が高いのではないかと考えられるのです。

■ 参考文献

庵　功雄（2009）「地域日本語教育と日本語教育文法―「やさしい日本語」という観点から―」『人文・自然研究』3，一橋大学

庵　功雄（2012）『新しい日本語学入門（第2版）』スリーエーネットワーク

庵　功雄（2015）「日本語学的知見から見た初級シラバス」庵功雄・山内博之編『現場に役立つ日本語教育研究1　データに基づく文法シラバス』くろしお出版

庵　功雄（2018）「新しい留学生向け総合教科書作成のための予備的考察―初級文法項目を中心に―」『言語文化』54，一橋大学

久野　暲（1973）『日本文法研究』大修館書店

仁田義雄（1991）『日本語のモダリティと人称』ひつじ書房

仁田義雄（1995）「日本語文法概説（複文・連文編）」宮島達夫・仁田義雄編『日本語類義表現の文法（下）』くろしお出版

野田尚史（1996）『新日本語文法選書1　「は」と「が」』くろしお出版

三上　章（1963）『日本語の論理』くろしお出版

南不二男（1974）『現代日本語の構造』大修館書店

南不二男（1993）『現代日本語文法の輪郭』大修館書店

山内博之（2009）『プロフィシェンシーからみた日本語教育文法』ひつじ書房

Krashen, Stephen D.（1985）*The imput hypothesis: Issues and implications*. Longman.

表2（庵 2015より）

初級前半（新 Step1）

名詞文・ナ形容詞文
　〜は…です。　〜は…ですか。　〜は…じゃないです／じゃありません。
　〜は…でした。　〜は…じゃなかったです／じゃありませんでした。

イ形容詞文
　〜は…です。　〜は…ですか。　〜は…くないです／くありません。
　〜は…かったです。　〜は…くなかったです／くありませんでした。

動詞文
　〜は…ます。　〜は…ますか。　〜は…ません。
　〜は…ました。　〜は…なかったです／ませんでした。

存在文・所有文
　〜に〜が｛います／あります｝。
　〜は〜に｛いません／ありません｝。
　〜には〜がいます。

応答
　〈名詞文〉〜は…ですか／でしたか。
　　　　　　　　　　　──はい，そうです／そうでした。
　　　　　　　　　　　──いいえ，違います／そうじゃないです。
　　　　　　　　　　　　　そうじゃなかったです。
　　　　　　　　　　　　　そうじゃありません。
　　　　　　　　　　　　　そうじゃありませんでした。
　　〈ナ形容詞文〉〜は…ですか／でしたか。
　　　　　　　　　　──はい，…です／…でした。
　　　　　　　　　　──いいえ，…じゃないです。
　　　　　　　　　　　…じゃなかったです。
　　　　　　　　　　──いいえ，…じゃありません。
　　　　　　　　　　　…じゃありませんでした。
　　〈イ形容詞文〉〜は…ですか。
　　　　　　　　──はい，…です。
　　　　　　　　──いいえ，…くないです／くありません。
　　　　　　〜は…かったですか。
　　　　　　　　──はい，…かったです。
　　　　　　　　──いいえ，…くなかったです／くありませんでした。

　　〈動詞文〉〜は…ますか／ましたか。
　　　　　　──はい，…ます／ました。
　　　　　　──いいえ，…ません／ませんでした。

助詞
　〈格助詞〉～を（対象），～が（目的語），～に（場所），～に（時間），
　　　　　　～に（行き先），～に（相手），～で（場所），～で（手段），
　　　　　　～と（相手），～から（出どころ〈時間，場所〉），
　　　　　　～まで（着点〈時間，場所〉），～より（基準），
　　　　　　～φ（時間），～の（所有格）
　　　　◎「住んでいます／勤めています／働いています／結婚しています」はかたまり
　　　　　として導入
　　　　◎「歩いて」はかたまりとして導入
　〈とりたて助詞〉～も　〈並列助詞〉～と　〈準体助詞〉～の

疑問詞
　誰，何，何○（何時，何年，何歳，何個），どこ，いつ，どれ・どっち，どう

指示詞
　（現場指示）これ／それ／あれ，この／その／あの，ここ／そこ／あそこ，こっち／
　　　　　　そっち／あっち

文型
　AはBより…です。（比較）　AはBの中でいちばん…です。（最上級）
　～（というの）は…（の）ことです。（定義文）

ボイス
　～を…たいです。（願望）（主語は1人称）

モダリティ
　たぶん…です／ます。

その他
　助数詞（つ，個，本，冊）

§2　文と文法（1）〜ことばを作る横糸と縦糸〜　149

初級後半（新 Step2）
〈産出レベル〉
「が」（主語）（これ以外の主語には「は」をつける）
動詞文 　〈中立叙述（cf. 久野 1973）〉　〜が…ています。（主語は 3 人称） 　　　　　　　　　　　　　　　〜が…ました。（主語は 3 人称）
全てのタイプの文 　〈排他（cf. 三上 1963，野田 1996）〉 　名詞文 　　〜が…です。（＝…は〜です。） 　　（田中さんが幹事です。＝幹事は田中さんです。） 　形容詞文 　　—は〜が…です。（＝—が…なのは〜です。） 　　（牛丼は松屋がうまい。＝牛丼がうまいのは松屋だ。） 　動詞文 　　〜が…ます／ました。（…〈plain〉のは〜です。）（主語は制限なし） 　　（私がその本を書きました。＝その本を書いたのは私です。）
助詞 　〈とりたて助詞〉〜しか（…ない），〜なら（相手が導入した主題） 　〈並列助詞〉〜や（名詞の複数形） 　〈終助詞〉〜ね，〜よ，〜でしょ（確認）
フィラー 　あのー，えーと
形式名詞 　こと，もの
文型 　…たり…たりします。（動詞の複数形）
ボイス 　…ことができます（可能） 　…く／…に／…V〈dic〉ようになります（変化） 　…てもらいます（恩恵，使役），受身（有情物主語）
アスペクト 　…ています（進行中） 　（もう）…ました（完了），まだ）…ていません（未完了） 　…たことがあります（経験）
モダリティ（認識） 　…と思います（断定緩和），…かもしれません（可能性）

モダリティ（当為）
…たほうがいいですよ（当為）（主語は 2, 3 人称）， …てもいいですか（許可求め）（主語は 1 人称）

モダリティ（対人）
…てください（依頼）（主語は 2 人称）， …たいんですが（願望・許可求め）（主語は 1 人称）， …ましょう（勧誘）（主語は 1 人称複数）

複文・接続詞
…ながら（付帯状況）， …て（継起），…て（理由），…て（並列）， （図書館に行って，本を借りました。／物価が上がって，大変です。 　／この本は面白くて，役に立ちます。） …てから（継起）／…。それから， …とき（時間），／…。そのとき， …たら（条件） …ので（理由）／…。それで， …から（理由）／…。ですから， …けど（逆接）／…。しかし， …けど，（前置き） …ために／…ように／…ための N（目的） …んです（文末の接続詞） どうして…んですか？　――…からです。（文末の接続詞）

〈理解レベル〉

複文
…{たら／と}，…ました。（異主語による出来事）， …のに（逆接）　…ても（譲歩）

モダリティ（当為）
…ないといけません・なければなりません（当為）（主語は 2, 3 人称）， …てもいいです（許可）（主語は 2, 3 人称）

モダリティ（対人）
…てはいけません（禁止）（主語は 2 人称）， …なさい（命令）（主語は 2 人称）

その他
昨日買った本（はこれです。）（動詞による名詞修飾）， 林さんが来るかどうか／誰が来るか（を知っていますか。）（間接疑問文）

§2　文と文法（1）〜ことばを作る横糸と縦糸〜

3 文と文法（2）
〜文法を習得するとは?〜

　前セクションでは，必要最小限の文型を確実に使いこなすことで「母語で
なら言えることをその言語で言える」という目標を達成するという考え方を
初級教育に取り入れていくべきであることを述べました。

　それでは，中・上級における文法はどのように考えるべきなのでしょうか。
このセクションではこの問題について考えます。

中級以上における文法とは

　前のセクションで，必要最小限の文型を使って自分が表現したい内容を表
現するということの重要性を説明しました。文型をかなり制限したとしても，
語彙を制限しなければ，高度な内容を表現することは可能です。

　それでは，文型は最小限のものだけでよいのでしょうか。そうではありま
せん。以下では，中級以上（「中・上級」）における文法で考えるべきことにつ
いて述べていきます。

■ 形式単位から用法単位へ

　現在，中・上級の文法と言ったときに，読者の頭にまず浮かぶのは日本語
能力試験N1，N2の文法の試験対策ではないでしょうか。

　しかし，N1，N2，特にN1の文法項目には現在の通常の言語生活ではほと
んど使われないものも含まれています。これはなぜでしょうか。

　それは，文法項目を形式単位で選定しているためです。つまり，受身，使
役，「のだ」なども，「ざるを得ない」「をめぐって」なども，1形式なので同
じく1単位として数えられているのです。しかし，『1』，『2』（特に，『2』）の
導入編で見てきたように，同じ形式であっても用法が異なれば難易度も異な
ります。したがって，文法項目を選定する際には，形式ではなく，用法単位
で考える必要があります（野田2005，白川2005）。

152　第3部　発想編

■ レベルごとに産出させる

本書を通して繰り返し強調してきているように，本書では，産出の観点から文法を考えています。これをレベルという観点から考えてみましょう。

例えば，**第1部§4**で扱った使役の場合，「てもらう」と「(さ)せてくれる」を比べると，「てもらう」の方が，「私」が文の主語(使役主)であるという点で典型的であり，事態としてもわかりやすいと言えます。このような違いをレベル差に反映させると，例えば，「てもらう」は初級で産出レベルであるのに対し，「(さ)せてくれる」は中級で産出できるようになればよいレベル(中級レベル)といった区別が可能になります。

■ 制限コードと精密コード

前のセクションで次の対比を挙げました。

1 私はマイク・ミラーです。(『みんなの日本語　初級 I 』)
2 日本経済の問題は財政赤字です。

そこでも述べたように，同じ「AはBです。」という文型であっても，語彙を制限しないことで，かなり高度な内容を述べられるようになります。

ただし，そうは言っても，この方策では**3**の従属節の内容を述べることはできません。つまり，語彙に制限をかけないだけでは不十分で，文型の数を増やしていく必要があるのです。

3 日本経済の問題が財政赤字だとすれば，与野党はこの点についてもっと議論する必要がある。

制限コードと精密コードという考え方があります。

制限コード(restricted code)というのは，表現形式の種類(バリエーション)が少なく，身振りや指示詞の多用など談話の状況に依存する度合いが高いコミュニケーションの方法であり，**精密コード**(elaborated code)というのは，表現形式の種類が多様で，状況に依存する度合いが低いコミュニケーションの方法です[1]。

1　制限コードと精密コードはそれぞれ，カミンズ(Jim Cummins)の言う BICS(Basic Interpersonal Commu-

§3　文と文法(2)〜文法を習得するとは?〜　153

語彙に制限をかけなければ，かなり高度な内容も表現できるので，文型の数が少なくても，典型的な制限コードとは異なりますが，それでも，より込み入った内容を表現したり，理解したりすることはできないという点では制限コードの状態だと言えるでしょう。

　中・上級の文法にとって重要なのは，制限コードレベルを脱して，精密コードを習得していくということで，これが文法を習得するということの意味であると考えられます。

初級シラバスから中・上級シラバスへ

　以上のことを踏まえて，初級シラバスと中・上級シラバスとの関係を考えてみましょう。

　まず注意すべきことは，ここで考えているのは項目単位であり，かつ，いずれかのレベルでは産出する必要があるものということです。したがって，いずれのレベルでも産出する必要がないものは含まれません。

　中・上級シラバスの考え方は，初級シラバスの拡張(精密化)ということです(§2の図を転載)。

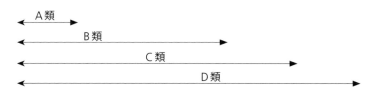

図1　単文における階層構造

　これ以外に，格，複文，とりたて助詞，終助詞などもありますが，いずれにしても，初級では，これらの文法カテゴリーの中から原則として，1つのカテゴリーにつき1つの形式を選ぶという形で，シラバスを作りました。これは，§2で見た文法と語彙の関係で言うと，「横の関係」に当たります。

---

nication Skills。日常言語)とCALP(Cognitive Academic Language Proficiency。学習言語)の違いと相関するように思われます(バトラー2011, 庵2016参照)。

　ここで，それぞれの文法カテゴリーに属する要素は1つではありません。同様の意味を表しているとしても，少しずつ異なるところもあります。

　例えば，『1』の第1部§3で扱った「条件」の場合，初級では，「仮定条件」の典型である「たら」だけでよいとしても，中・上級レベルでは，「ば」「と」「なら」「とすれば／としたら／とすると」などが必要になってきます。これらは，同じ「条件」というカテゴリーの中から要素を選択するということなので，「縦の関係」に相当します。

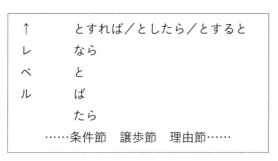

図2　文法における縦の関係と横の関係

　つまり，文法を習得するというのは，同じ文法カテゴリー内の異なる形式の使い方や同じ形式の異なる用法を習得していく過程であると考えられます。前者に当たるのが**図2**の条件表現であり，後者に当たるのが**第1部§5**の使役表現です。

　この関係は，現在の初級教育で行われている「文型の数を増やすことが習得である」という考え方と似ていますが，次の点において異なります。

　5a.　文法の習得は初級だけで行うものではない
　　b.　項目の選定は形式単位ではなく，用法単位でなければならない
　　c.　産出できるようになるべき項目はレベルごとに異なる

§3　文と文法(2)〜文法を習得するとは？〜　155

以上の点を踏まえて策定したのが庵(2015b)です[2]。

〈やさしい日本語〉との関連

■ バイパスとしての〈やさしい日本語〉

このセクションの最後に，ここで考えてきた中・上級シラバスと〈やさしい日本語〉の関係を簡単に述べたいと思います。

§1で述べたように，〈やさしい日本語〉には次の2つの側面があります。

6a. 居場所作りのための〈やさしい日本語〉
 b. バイパスとしての〈やさしい日本語〉

このうち，**6**aは主に成人の定住外国人を対象とするものですが，このタイプに対応する文法シラバスは前のセクションで扱った初級シラバスです(庵2015a)。つまり，制限コードでもよいので，まずは，自分が言いたいことを表現できるようになることが必要だということです。

一方，**6**bは外国にルーツを持つ子どもやろう児を対象とするものです。こちらが成人の場合と異なるのは，彼／彼女たちは日本社会で生きていく上で，できるだけ高校進学時，遅くとも高校卒業時には，日本語母語話者の子どもたちと同様の知識を身につけ，対等に競争できるようになっていなければならないという点です[3]。つまり，彼／彼女たちにとっては，制限コードレベルでとどまっていてはだめで精密コードを身につけていかなければならないのです。かつ，そうした日本語能力をつけるための時間は(非常に)限られているため，できる限り効率的に学べるシラバス，すなわちバイパスが必要です[4]。庵(2015b)はこうした目的にも対応することを想定して作られています。

2　このシラバスの改訂作業が進められており，その成果の一部が太田・永谷・中石(2018)において公刊されています。

3　この点について詳しくは庵(2016)を参照してください。

4　バイパスが必要なのは文法だけではなく，漢字教育についても同様の見直しが必要です。これについては，庵(2018)およびその参考文献をご覧ください。

■ 参考文献

庵　功雄（2015a）「日本語学的知見から見た初級シラバス」庵功雄・山内博之編『現場に役立つ日本語教育研究1　データに基づく文法シラバス』くろしお出版

庵　功雄（2015b）「日本語学的知見から見た中上級シラバス」庵功雄・山内博之編『現場に役立つ日本語教育研究1　データに基づく文法シラバス』くろしお出版

庵　功雄（2016）『やさしい日本語―多文化共生社会へ―』岩波新書

庵　功雄（2018）「日本語教育における漢字教育に求められるもの」『ことばと文字』10，日本のローマ字社

太田陽子・永谷直子・中石ゆうこ（2018）「8種のコーパスに見る技能別特徴項目―高等教育機関で学ぶ留学生のためのシラバス再考のために―」『一橋大学国際教育センター紀要』9，一橋大学

白川博之（2005）「日本語学的発想から独立した日本語教育文法」野田尚史編『コミュニケーションのための日本語教育文法』くろしお出版

野田尚史（2005）「コミュニケーションのための日本語教育文法の設計図」野田尚史編『コミュニケーションのための日本語教育文法』くろしお出版

バトラー後藤裕子（2011）『学習言語とは何か―教科学習に必要な言語能力―』三省堂

4 機能から考えよう

§1で述べたように,産出のための文法においては「母語の知識を活かす」ことが重要になります。そのためには**対照研究**が必要になりますが,ここではこの点について考えます。

対照研究の必要性

上で,「母語の知識を活かす」ためには対照研究が必要と書きましたが,それはなぜでしょうか。

成人の第二言語習得の場合,**母語の転移**(transfer)が起こるのが一般的です。母語転移には,転移の結果が目標言語で正用を導く**正の転移**(positive transfer)と,転移の結果が誤用につながる**負の転移**(negative transfer)があります[⇒『1』第3部§4]。

転移を言語習得に結びつけるためには,1)正の転移を奨励する,2)負の転移を抑制する,の2つが必要ですが,特に重要なのは2)です。なぜなら,正の転移は無標で,負の転移は有標であると考えられるからです。したがって,学習者に対しては次のような指針を示すことが必要です[1]。

❶a. 基本的には母語の考え方を使ってよい(無標)
　b. aに当てはまらない場合だけ注意する(有標)

❶の考え方の1例として,第1部§3で取り上げた直接受身について考えてみましょう。

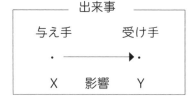

図1　二項述語で表される出来事

---

1 この考え方は,張(2011)および中国語話者のための日本語教育研究会の基本理念に対応するものです。

直接受身は**図1**で表される出来事を受け手の立場から描くものですが，こ
れ自体は(受身を持つ言語では)普遍的なことであると考えられます[2]。言い換
えると，影響の受け手の立場から文を作りたい場合に直接受身を使うという
説明自体は学習者にとって容易に理解できるものであると言えます。

　しかし，「どのような場合に，影響の受け手の立場から文を描くのか」につ
いては，言語によって差があり得ます。

　例えば，**図1**で「X＝太郎，Y＝私」，「X＝私，Y＝太郎」のときの受身の
許容度を日本語と中国語で比べると，次のようになります。

> **2**　X＝太郎，Y＝私
> **a.** ○私は太郎にたたかれた。
> **b.** ○我被太郎打了。
> **3**　X＝私，Y＝太郎
> **a.** ??太郎は私にたたかれた。[3]
> **b.** (?)太郎被我打了。[4]

　このように，中国語ではYに制限がないのに対し，日本語では**3**のパター
ンは許されません。これは，日本語には視点制約が強く働くのに対し，中国
語にはあまり働かないためと考えられます(久野 1978,陳 2017)。

　以上のケースを**1**に当てはめて考えてみると，次のようになります。

　まず，二項述語 [⇨『1』第1部§1] の文において，影響の受け手の立場
から文を作りたい，言い換えれば，影響の受け手を主語にした文を作りたい
という場合に受身が選択されるのはごく普通のことなので，学習者の母語の
感覚をそのまま使えばよいということになります(**1**a)。

　一方，影響の受け手に制限があるかどうかは言語ごとに異なる可能性があ

2　三上章は直接受身を「まともの受身」と呼びましたが(三上 1953)，これはこうした事実を踏まえた
ものと考えられます。

3　**3**aは(ア)では使えますが，これは(ア)が(イ)という構造を持つためです。
　　(ア)　太郎は私にたたかれたと言っている。
　　(イ)　太郎は「私はAにたたかれた」と言っている。
つまり，(イ)の「私」は「太郎」で，「A」は(ア)の「私」であり，そのため，(イ)の引用節は**2**aと同
じ場合になるのです。

4　この文は文法的には問題ありません(この点は日本語と異なります)が，使われる場面には制限があ
るようです。

§4　機能から考えよう　**159**

ります（❶b）。実際，日本語には強い制限があるので，❸bが言えないことなどは明示的に教える必要があります（否定証拠［⇨『1』第2部§7]）。なお，日本語では❷の場合には基本的に受身を使う必要があり，これも明示的に導入しないと，非用につながるので，明示的に導入する必要があります。

　直接受身については，以上のように導入することによって，誤用も非用も防ぐことが可能になりますが，そうした導入を行うためには，学習者の母語の体系と日本語の体系が「どんな場合に影響の受け手を主語にして受身を使うか」という点でずれていることを事前に知っておく必要があります。こうしたことは正確な対照研究の結果はじめて可能になるものであり，日本語教育（言語教育）における対照研究の必要性，重要性を示しています。

■ 対照研究で必要なこと

　以上見てきたように，産出のための文法にとって対照研究が必要だとして，対照研究はどのように行えばよいのでしょうか。

　言語教育に応用するための対照研究では，**意味**や**機能**を中心にすることが必要だと考えられます[5]。なぜなら，学習者が目標言語で表現をしようとする場合，はじめに表現したい「意味」や「機能」があって，それを目標言語でどのように「表現」するかを考えるという過程を経るのが普通だと考えられるからです。これまで「母語でなら言えることを日本語でも言える」という言い方をしてきましたが，これもこうした考え方にそくしたものです。

意味・機能から考える対照研究

　それでは，意味・機能を中心にした対照研究ではどのようなことを考えるべきなのでしょうか。これについて参考になる知見が井上（2013）で述べられています。

　日本語は「なんか」「でも」などを用いて表現を「ぼかす」ことが多く，それが日本語のあいまいさを生んでいるという指摘がよく行われます。これに対し，井上（2013）は異なる視点を提供しています。

5　これに対し，理論言語学（例えば，生成文法）では，形式を出発点にした対照研究が行われることが一般的です。なお，庵（2019b）では，指示表現の文脈指示表現を対象に，意味を出発点にした対照研究の可能性を考察しています。

160　第3部　発想編

4 「へん」については，次のようなエピソードもある。買ってきたキャベツを冷蔵庫に入れようとしたら，野菜室はすでにいっぱいだった。洗濯をしている妻に，「キャベツ，入らないんだけど，どこに置いとけばいい？」と聞くと，妻は洗濯をしながら「そこに置いといて」と言った。「そこ」と言われても，私がいるのは冷蔵庫の前だ。冷蔵庫付近にキャベツを置けそうな場所はない。「そこってどこ？」と聞き返すと，妻は「そこでいいから」と答える。どうも話がかみあわない。後で聞いたら，妻は「キッチンのどこかキャベツが置ける場所に置いといて」というつもりで言っていたらしい。私の感覚では，それなら「そのへんに置いといて」と言ってほしい。中国語では「放那儿」(そこに置いて)でよいようだが，日本語の「そこ」はやはりピンポイント的である。「そのへん」と言わないと，「どこか適当な場所」という意味は出ない。

(井上 2013: 163-164)(強調点原文，下線筆者)

　この場合，「どこか適当な場所」という「意味」は共通していますが，それを表現する場合に，「場所」だけでよい(中国語)か「場所＋ぼかし表現」を使わなければならないか(日本語)の違いがあるわけです。つまり，日本語で「ぼかし表現」が多用されるのは，意味的に限定しない場合には，「限定していない」ということを言語形式として表さなければならないためであり，「言語のあいまいさ」のためではないのです。

　ここで注意すべきなのは，こうしたぼかし表現が使われるのはあくまで意味的に「限定しない」場合に限られるということです。

5　私はその店で切手を 3 枚<u>ほど</u>買った。
6　切手を 3 枚 {○ φ／??ほど} ください。

　例えば，**5**のように，記憶をたどって話す場合で切手の枚数が確認できないときは，「限定しない」ために「ほど」を使うのが自然ですが，**6**のように，切手を購入する場合は「限定する」必要があるため「ほど」を使うことはできません(これは枚数が多くなっても同様です)。

　このように，「ぼかし表現」が使われるのは基本的に「限定しない」ことを

§4　機能から考えよう　**161**

積極的に表さなければならない場合に限られ，その場合に，意味的に「限定する／しない」ということを言語的に言い分ける(分節する)かどうかという言語間の違いがあるのです[6]。

今の場合，意味的に「限定しない」という「意味／機能」を設定し(つまり，そういう意味を表す場合を考えることにし)，そうした場合に，日本語と中国語においてどのような言語形式が使われるかを考察することによって，日本語と中国語の共通性と違いが明らかになったと言えます。つまり，表したい意味(「意味的に限定しない」)は共通ですが，「ぼかし表現」を使う必要があるかどうかは異なるということです。

このように，日本語教育(言語教育)のための対照研究においては，2つの言語に共通の意味を設定し，それを表す表現の違いを考えるという手法を採ることが望ましいと言えます[7]。

■ 機能から考えることの重要性～だれでも参加できるじゃんけん～

言語を機能という観点から見るための手段として，狭い意味の言語からはやや外れますが，あべ(2015)にある「だれでも参加できるじゃんけん」の話を紹介したいと思います。

日本のじゃんけんは，グー，チョキ，パーからなっています。しかし，体の特性でグーだけしか出せなかったり，パーが出せなかったりする人がいます。そうした人がじゃんけんをするとしたらどうでしょう。1つの考え方は，その人を「じゃんけんができない人」として排除することですが，それが「だれでも参加できる」につながらないことは明らかです。そうだとすると，その人が参加できるような「じゃんけん」を工夫することになります。例えば，手の甲を上にするか，下にするか，手首を曲げるか，といったように，その参加者が示すことができる3つの型(「記号」)を作り出すことで解決ができるかもしれません。さらに，じゃんけんのルールが理解できない知的障害者も含めて「じゃんけんを楽しむ」ためには，機械のボタンを押してもらうという方法もありうるとあべ(2015)は述べています(庵 2016も参照)。

6　英語などヨーロッパ言語では，数えられる名詞については「単数」か「複数」かを常に区別しますが，これも分節の例と言えます。

7　こうした観点から日本語と英語のテンス・アスペクト体系の比較を試みたものに庵(2019a)，Iori (2018)があります。

あべ(2015)の指摘を**機能**(function)という観点から考えると次のようになります。上で，グー，チョキ，パーの代わりに，手の甲を上にするなどのやり方を紹介しましたが，これは，グー，チョキ，パーという「記号」を別の「記号」に置き換えたものと考えることができます。グーとチョキとパーの間には，グー＞チョキ＞パー＞グー(A＞BはAはBに勝つということを表す)という関係があるわけですが，ここで必要なのは，ある記号が別の記号に勝つ，という「約束(ルール)」だけであって，それを定義しさえすれば，グー，チョキ，パーという「形」にこだわる必要はないわけです(例えば，色の間に上のような関係を決めておきさえすれば，三色の色紙を使って「じゃんけん」をすることも可能です)。この場合，グー，チョキ，パーが「じゃんけん」の中でどういう働き(機能)を担っているのかを考えることが必要で，そのことさえ理解できれば，必要なのはその機能を別のどのような形で表すことができるかだということがわかるはずです。

　ここで述べたことは，言語表現に直接関係するものではありませんが，ことばやことばの違いを考えるときに，表面的な「形」の違いではなく，「意味」や「機能」という観点を中心にすることで，様々な新しい発見が得られると思われるのです。

■ 参考文献

あべやすし (2015)『ことばのバリアフリー』生活書院

庵　功雄 (2016)『やさしい日本語―多文化共生社会へ―』岩波新書

庵　功雄 (2019a)「意味領域から考える日本語のテンス・アスペクト体系の記述―「母語の知識を活かした日本語教育」のために―」『言語文化』55，一橋大学

庵　功雄 (2019b)『日本語指示表現の文脈指示用法の研究』ひつじ書房

井上　優 (2013)『そうだったんだ！日本語　相席で黙っていられるか』岩波書店

久野　暲 (1978)『談話の文法』大修館書店

張　麟声 (2011)『新版中国語話者のための日本語教育研究入門』日中言語文化出版社

陳　林柯 (2017)「現代日本語における視点制約に関する定量的研究」2017年度一橋大学言語社会研究科博士学位取得論文

三上　章 (1953)『現代語法序説』くろしお出版から再版(1972)

Iori, Isao (2018) "A comparative study of the tence-aspect system between Japanese and English," *Hitotsubashi Journal of Arts and Sciences*, 59-1. 一橋大学

5 日本語教育文法と教授法
～WhatとHowの望ましい関係に向けて～

　本書では，『1』，『2』を通して，筆者が考える日本語教育文法の立場から，文法教育に関する筆者の考えを述べてきました。ここでは，日本語教育文法と教授法の関係について考えてみたいと思います。

「教え方」とは?

　本書の『1』を出版した後，複数の知人から，「この本は「教え方」の本ではなく，日本語教育文法の本ではないのか」という指摘を受けました。読者の中にも，「教え方／教授法」ということばから連想される内容と，本書の内容が一致しないという印象を持たれた方もいらっしゃるかもしれません。

　確かに，「教え方／教授法」という用語は授業運営の実態を表すものとして使われるのが普通です。これは，「どのように」教えるかという意味で「How」の問題を扱うものと言えるでしょう。

　しかし，「文法の教え方」を考える場合に必要なのはHowの問題だけではありません。どのような項目を，どのような順序で，どの時期に教えるべきかということもそれと同様に重要です [⇒§2, 3]。これは，「何を」教えるかという意味で「What」の問題を扱うものと言えるでしょう。

2つの教授法—WhatとHowの望ましい関係に向けて

　このように，「教え方／教授法」において，「どのように(How)」と「何を(What)」はともに必要であると言えます。しかし，冒頭に挙げた本書の書名に対する疑問に現れているように，現在，「教え方／教授法」は専ら「How」の問題を扱うものとして理解されています。

　筆者は，そうした現状は日本語教育の健全な発展にとって好ましくないと考えています(庵2013も参照)。

　授業において，どのような例文を使って説明するか(あるいは，どのような

164　第3部　発想編

ヒントを与えて学習者に考えさせるか)，どのような練習をするか，といったことは言うまでもなく重要です。

しかし，もしそこで扱う項目がそもそもその段階で扱う必要がないものであったとしたらどうでしょうか。ここでは，そうしたものの1例として，「推量の「でしょう」」を取り上げます(詳しくは庵2009参照)。

現行の初級教科書では，「推量」を表す形式として「と思います」と並んで，「でしょう」が必ず取り上げられています[1]。つまり，「と思います」と「でしょう」は実質的に相互に置き換え可能な形式(free variation)と見なされています。しかし，実際には，「でしょう」には「と思います」にはない制限があります。次の例を見てください。

1 (推薦状の締切を筆者が尋ねたのに対する返信のメール)
締切は来週の金曜日です。??水曜日までにいただければいい<u>でしょう</u>(○ <u>と思います</u>)。

1は筆者が実際に留学生からもらったメール文ですが(ここでの議論に関係しない細部は一部修正してあります)，ここで「でしょう」を使うと，読み手に対して不快感を与えることになります(その理由については，庵2009参照)。「と思います」なら問題はありません。しかも，コーパスの調査によっても，「でしょう。」(終助詞をともなわない形で言い切りで「推量」を表す場合)の用例数は極めて少なく，安定的に使われるのは「天気予報」などの天気の話題に限られます[2]。

以上の点を考慮すると，「推量の「でしょう」」は初級で導入してはいけない項目であると言えます。

同様に，現行の初級文法シラバスの中には，初級で導入する必要がない項目がかなり含まれています。そうした項目を精査し，学習者の日本語運用能力を自然に高めていけるような文法シラバスを考察することが必要になるわけですが，これは明らかに「What」の問題です。

1　文法論としては，「でしょう」は「だろう」の丁寧体における異形態であり，「でしょう」のみを取り上げる必要はありませんが，ここでは，「でしょう」という形態が問題になるので，「だろう」ではなく，「でしょう」という形態に固有の問題として考えることが重要です(「だろう」が使える関係性の場合には，ここで挙げるような問題は生じないのです)。

2　推量の「でしょう」に関する初級教科書の例文もほぼ天気の話題に限られています。

§5　日本語教育文法と教授法 ～WhatとHowの望ましい関係に向けて～　**165**

このように，文法教育のあり方を考える上で，「What」の問題(日本語教育文法)は「How」の問題(教授法)と同様の重要性を持っています。

それでは，これからの文法教育ではどのようなことが求められるのでしょうか。明らかなことは，「教授法(教え方)」という語を「How」の問題だけだと考えてはいけないということです。その一方，全ての人が「What」について考えなければならないということでもありません。

研究として考えるとしても，ことば自体(「What」)に関心がある人もいれば，教室運営(「How」)に関心がある人もいます[3]。重要なのは，それぞれの人が自らの得意なところを活かして研究を行い，その成果が共有されてよりよい教育ができるようになることです。これは，応用言語学(applied linguistics)としての日本語教育のあるべき姿だと言えます。

■ 参考文献

庵　功雄（2009）「推量の「でしょう」に関する一考察─日本語教育文法の視点から─」『日本語教育』142

庵　功雄（2013）『日本語教育，日本語学の「次の一手」』くろしお出版

庵　功雄（2018）「日本語教育における漢字教育に求められるもの」『ことばと文字』10，日本のローマ字社

カイザー，シュテファン（2018）「漢字と日本語教育─非漢字系からの(非)観点─」『ことばと文字』10，日本のローマ字社

3　ここで言う「ことば自体(What)の問題」には，文法だけではなく，語彙や音声，漢字などの問題も含まれます。その中でも，漢字に関する研究は非漢字圏の学習者が急増する中で重要度を急速に増しています(庵2018およびその参考文献および，カイザー(2008)を参照)。

あとがき

いかがだったでしょうか。

本書も『1』と同様，2013年にくろしお出版から上梓した『日本語教育，日本語学の「次の一手」』の実践編としての役割を持っています。

本書は，同書と多くの部分で問題意識を共有していますが，同書では触れていない日本語教育に関する問題点もあります。それは，AI（人工知能）の発達やコンピューター化の問題です。

AIが将棋の名人や囲碁の世界チャンピオンを破ったことからもうかがえるように，コンピューター化が今後の私たちの生活に大きな影響を与えることは間違いないと思われます。そして，言語教育もその例外ではありません。

日本語教育へのAIの影響として，少なくとも2つのことが考えられます。

第1点は，ICTなどの発達により，わざわざ日本語を勉強しなくても，ドラえもんの「ほんやくコンニャク」のように，母語で話せば，機械が日本語に翻訳してくれるから，日本語を学ぶ必要がなくなるという点です。

これに関しては，確かに旅行などを目的とする学習者は激減するかもしれませんが，日本や日本社会に一定の魅力がある限り，最低限の学習者数は確保できるだろうと筆者は考えています（ただし，その学習者数が日本語教師の数と比べて十分に多いかは別の問題です）。

より深刻なものは第2点で，それは，（インターネットを含む）機械で勉強すれば，教室で学習しなくても日本語を勉強できるようになるということです。実際，筆者の勤務校でも，最近は「独学」で上級レベルに達して留学してくる学生が珍しくなくなりつつあります。

こうした流れは決して排除すべきものではありません。これによって，これまで日本語学習環境を得ることが難しかった国や地域でも日本語を学ぶことが可能になりつつあるのは大いに喜ぶべきことです。

しかし，その一方で，こうした流れが巨大なものになっていった場合，教室学習を前提に職を得ている日本語教師の存在理由が根底から問われることになるのも事実です（実際，「AI化で消える職業」のリストの中に「語学教師」も含まれています）。

では，そうした流れの中で日本語教育はどのような道を選ぶべきなのでしょうか。これは本書の執筆動機の1つです。本書を手にとってくださったみな

さんにも，このことについてぜひ「自分自身の問題として」考えていただきたいと思います。

　日本語教育に携わる一人一人が今日本語教育が置かれている状況とどう向き合っていくかがこれからの日本語教育の方向性を決めていくのです。

　本書をなすに当たって，くろしお出版の池上達昭さんには『1』に引き続きたいへんお世話になりました。また，中国語に関しては，劉時珍さんのご教示を受けました。その他，本書をなすに当たってお世話になった全ての方に心からお礼申し上げます。

2018年11月　庵　功雄

謝辞　本書は科研費 16K02804 および科研費 17H02350 の研究成果の一部です。

索 引

A
「How」の問題   164
「What」の問題   164

あ
アクチオンスアルト   124
アスペクト   123

い
言い換え   68
異音   102
異形態   103
意味   160
意味役割   111
因果関係   130

お
恩恵   22
音素   100, 101

か
介詞   113
階層構造   106, 118
格   111
格助詞   7, 112
確定条件   129
格文法   111
格枠組み   116
語り物   124
仮定条件   129
含意する   3
観察時   46, 47, 48
完成相   123
間接受身   22, 30
完了   51

き
基準時   51
機能   163
疑問詞   56
疑問文   56
強制   27
許可／許容   27

く
句   104
クイズ疑問文   63
屈折語   113

け
形態素   103
形容詞文   106
原因・理由   130
言語(記号)の恣意性   101
言語の社会性   101
言語変化   101
現象描写文   93

こ
語   100, 103
語彙的アスペクト   124
語彙的ボイス   121
項   57, 60, 116
後景   124
合成語   104
拘束形態素   103
膠着語   113
公平な耳   138
コト   119
孤立語   113

さ

最小対立対	101
サ入れことば	32
指されるもの	101
指すもの	101
(さ)せていただく	31
(さ)せてください	26
(さ)せてくれる	26
(さ)せてもらう	27

し

使役	24, 30
使役受身	10
使役余剰	33
自然下降調	73
自他の対応	34
指定文	125
視点制約	159
シニフィアン	100
シニフィエ	101
修飾部	104
終助詞	109
従属節	106
従属節の独立度	92, 106
主格	85, 112
主語	79
主語廃止論	85
主節	106
主題	85
主要部	104
準体助詞	108
状況に対する解釈	70
証拠性モダリティ	126
上昇調	73
焦点	56, 60, 94
助動詞	109

自律学習	140
真正さ	147
深層格	111

す

スコープ	125
スコープの「のだ」	64
「する」型言語	38

せ

制限コード	153
制限的修飾	131
静的述語	122
正の転移	158
精密コード	153
責任の有無	35
絶対テンス	123
前景	124
選択制限	109
前置詞	113
前提	56, 59

そ

総記	94
相対テンス	123
ソシュール	101
措定文	125

た

対格	112
対事的モダリティ	119, 125
対照研究	158
対人的モダリティ	109, 119, 127
タクシス	52, 124
タ形	122
縦の関係	143,155
他動詞の代用	28
単純語	104
単文	105

談話	107	発話時	121
ち		話し手の捉え方	3
中立叙述	92	話し始め	115
直接受身	16, 17	パロール	102
て		反事実	52
定形動詞	105	反事実的条件	129
丁重語	32	判断の根拠	130
丁寧化百分率	128	判断文	93
丁寧さ	127	範列的関係	143
テキスト	107	**ひ**	
てもらう	22, 25	非過去	122
テンス	121	恒時	121
伝達レベル	78	非制限的修飾	131
と		非対格性の仮説	42
当為的モダリティ	126	必須補語	57, 60, 116
統合的	127	否定疑問文	73
統合的関係	143	否定証拠	160
統語的ボイス	121	非定形動詞	105
動作主	85	否定文	58
動詞句	104	非文	117
動詞文	106	非文法的	117
動的述語	121	非変化動詞	47
特殊拍	102	表現類型のモダリティ	127
独立形態素	103	表層格	111
とりたて助詞	2	**ふ**	
とりたて助詞のスコープ	9	複合語	104
な		副次補語	57, 116
「なる」型言語	38	複文	105, 128
に		節	104
二項述語	14	不定形動詞	105
二重文節	100	負の転移	158
認識的モダリティ	126	プロミネンス	57
は		文	106
派生語	104	文章	107
裸の使役	25, 27	分析的	127

分節	100	メディアリテラシー	43
文法化	110	**も**	
文法カテゴリー	117	モダリティ	119
文法関係レベル	79	**や**	
文法性判断	117	やさしい日本語	140
文法的	117	**ゆ**	
文法的主語	85	有気音	103
へ		有声音	102
平叙文	66	**よ**	
並立助詞	108	与格	112
変化動詞	47	横の関係	143,154
ほ		**ら**	
ボイス	120	ラング	102
補語	114	**り**	
母語の転移	158	理由	67
補助動詞	109	**る**	
本動詞	109	ル形	122
み		**れ**	
三上章	85	連語論	116
未完成相	124	連体修飾節	105
南不二男	106	連体節	105
南モデル	106	連用節	128
む		**ろ**	
ムード	119	論理学的主語	85
ムードの「のだ」	64	論理的主語	85
無気音	103	論理文	130
無声音	102		
無標	92		
め			
名詞句	104		
名詞修飾節	105		
名詞文	106		
命題	119		
命題レベル	78		
迷惑	22		

庵 功雄（いおり いさお）

1967年大阪府出身。大阪大学大学院文学研究科博士課程修了。博士（文学）。大阪大学助手，一橋大学講師，准教授を経て，現在，一橋大学国際教育交流センター教授。専門は日本語教育文法，日本語学，テキスト言語学。

［主な出版物］
『やさしい日本語―多文化共生社会へ』（岩波書店），『日本語におけるテキストの結束性の研究』（くろしお出版），『留学生と中学生・高校生のための日本史入門』（晃陽書房），『にほんごこれだけ1・2（監修）』（ココ出版），『新しい日本語学入門（第2版）』『初級を教える人のための日本語文法ハンドブック（共著）』『中上級を教える人のための日本語文法ハンドブック（共著）』（スリーエーネットワーク），『日本語教育文法のための多様なアプローチ（共編著）』（ひつじ書房）など，日本語学・日本語教育に関する執筆多数。

いっぽ すす　　　に ほん ご ぶんぽう　　おし　かた
一歩進んだ日本語文法の教え方2

NDC810／ v, 172p ／21cm

初版第1刷 ――――2018年 12月 1日	
第2刷 ――――2020年 12月15日	

著　者―――――庵　功雄

発行人―――――岡野秀夫

発行所―――――株式会社くろしお出版

〒102-0084　東京都千代田区二番町4-3
［電話］03-6261-2867　［WEB］www.9640.jp

印刷 シナノ書籍印刷　　装 丁 黒岩二三(Fomalhaut)　　イラスト協力 鈴木祐里
©Isao Iori 2018, Printed in Japan

ISBN978-4-87424-784-6 C1081

乱丁・落丁はお取りかえいたします．本書の無断転載・複製を禁じます．

出版案内

現場に役立つ日本語教育研究 全6巻

山内博之 シリーズ監修　各巻 2,400 円＋税

第1巻『データに基づく文法シラバス』庵功雄・山内博之 (編)

日本語教育においてこれまで教師の直観によって作られていた文法シラバスを，データに基づき科学的かつ多角的に再検討する。その上で「究極」とも言える初級文法シラバスの内容を提示する。

第2巻『ニーズを踏まえた語彙シラバス』森篤嗣 (編)

語彙シラバスとは言語の習得に必要な語を理念やニーズに基づいて配列し学習者に提示するためのものである。さまざまなコーパスを分析し，学習者にとって真に必要な語彙シラバスを探る。

第3巻『わかりやすく書ける作文シラバス』石黒圭 (編)

①正確で自然な日本語②流れがスムーズな日本語③説得力のある発想を満たす「読み手に優しい文章」を、作文コーパスを生かした分析で明らかにし、シラバスとして提示する。

第5巻『コーパスから始まる例文作り』中俣尚己 (編)

日本語教師が説明に困るような「中上級のアカデミックライティングなどで必要となる項目」について使用実態を記述。日本語教師が日々の授業で使用する例文を作る際のヒントを示す。

第6巻『語彙から始まる教材作り』岩田一成 (編)

「語彙を中心にして教材を作ってみたらどうなるか」という共通課題で取り組んだ論集。「語彙は文法導入のおまけではない」ということを強く伝えたい。

以下続刊
第4巻『自由に話せる会話シラバス』